TALENT MANAGEMENT MANUAL FOR
STARTUP ENTREPRENEUR

中小企业
识人用人一本通

汤君健 王刚/著

机械工业出版社
CHINA MACHINE PRESS

图书在版编目（CIP）数据

中小企业识人用人一本通 / 汤君健，王刚著 . -- 北京：机械工业出版社，2022.1
（2024.6 重印）
ISBN 978-7-111-69936-1

I.①中⋯ II.①汤⋯ ②王⋯ III.①中小企业 - 人力资源管理 IV.① F276.3

中国版本图书馆 CIP 数据核字（2022）第 000533 号

中小企业识人用人一本通

出版发行：机械工业出版社（北京市西城区百万庄大街 22 号　邮政编码：100037）

责任编辑：刘　静　王　芹　　　　　　　责任校对：殷　虹
印　　刷：固安县铭成印刷有限公司　　　版　　次：2024 年 6 月第 1 版第 4 次印刷
开　　本：170mm×230mm　1/16　　　　印　　张：14
书　　号：ISBN 978-7-111-69936-1　　定　　价：69.00 元

客服电话：（010）88361066　68326294

一个国家，只有其创业密度和创业质量都足够高，经济才能释放出生生不息的发展活力。

然而，创业的学费，正成为整个社会的巨大浪费。现实中，创业失败率居高不下，创业企业九死一生，每年数以千亿元的创业浪费，主要原因之一是缺乏行之有效的创业教育，很多人是在凭经验、凭直觉创业。

实际上，创业是一门科学，一门由多元学科组成的应用科学。

为探索、开发、实证和发展创业一路所需的科学创业方法论，高维学堂联合数十位"有学科理论、有实践经验"的实战导师，于2015年发起"科学创业"的教研、教学、实践落地活动。

历时6年，历经40多门创业知识的重新开发、1000多场线下课的教学改进、15 000多位创始人的实践检验和反馈，"科学创业"终有雏形。高维学堂也成为红杉资本、BAI资本、天图投资等一线基金指定的投后赋能首选机构。

在机械工业出版社的鼓励和支持下，各位导师和高维学堂决定将这一系列的认知成果出版成书，如已出版的《科学创业》《升级定位》《极简项目管理》《科学分钱》，以及这本《中小企业识人用人一本通》，等等。

汤君健老师的《中小企业识人用人一本通》，是创业公司选用人才的重要攻略，人选对了用对了，组织就活了。

这些书籍旨在将一套行之有效的科学创业方法论，传播给更多有需要的创业者。其中，每本书的内容既相互独立，又环环相扣，底层逻辑多有共通之处，可以不断检视、验证彼此的科学性与实用性，共同致力于让企业少走弯路，提高创业成功率，加速企业成长。

林传科

高维学堂创始人

"科学创业"理论体系首席架构师

君健与我曾是宝洁的同事，但是因为隶属于不同的大区和渠道，我们在宝洁时从未见过面。2014年春天，一个周日的下午，我才与君健第一次见面。那个时候，我在担任1号店首席商品官，管理超过200亿元/年的生意以及近1000人的团队。当时，我感受到的最大挑战是"创业企业的高速发展与组织能力进化不匹配"的问题，正需要一位提升组织能力的高手来协助我进行组织管理和升级。我和君健的一位共同的宝洁前同事向我推荐了君健，并告诉我，君健作为教练为宝洁带出了上百位管培生。

我与君健的初次见面，可以用"一见如故"来形容，我发现我们对于组织管理的重要性、方法论有着高度一致的共识。例如，我们都认为，作为一位卓越的领导者，最为重要的两部分工作是发展生意和建设组织，而且管理的职责越大，范围越广，后者的重要性比前者越强。我们从下午的两点一直聊到天黑，最后当我得知君健当时已经向宝洁提出了离职，可能会加入一家民营企业时，我立刻诚恳地邀请他加入1号店，担任1号店企业大学（现为1号店商学院）的校长。君健甚至在没有谈薪酬待遇的情况下，就接受了我的邀请，因为他认为，能够加入一家高速发展的互联网企业从事组织能力发展方面的工作，是他发自内心热爱的事情。他在1号店担任企业大学校长期间，搭建了管理岗位领导力培训、培训生成才培训、专业岗位技能培训和新员工专业培训四套培训体系，并领导了"面试官标准流程""继任者制度"等一系列流程和制度的制定。有一个数字令我至今记忆犹新，当时君健领导整个公司业务团队的关键人才盘点和继任者计划，我们盘点了151位关键岗位的人才，涵盖从主管到副总裁的所有职级，每个岗位都有继任者计划。早年的1号店，为中国互联网行业输送了很多优秀的人才。

近几年，君健一直致力于帮助中小型的创业企业进行组织诊断和升级，同时他也是一位优秀的老师，他的课程在得到App、高维学堂都广受欢迎。我跟君健保持着每个季度至少交流一次的习惯，每次在跟他交流的过程中，我都能深深地感受到，他对能够帮助更多创业企业取得成功的那种渴望。有时说起一些企业所犯过的错误、交过的学费，他那惋惜悲叹之情，仿佛那些是他自己的经历。君健经常跟我分享，他在对企业诊断的过程中看到过多少难以理解的错误。我们也就此展开讨论——为什么如此简单的错误，会有这么多企业犯？有没有什么方法，可以让企业在面临那些共同的错误时提高警惕，少犯错误？

我想举一个简单的例子，如果有人问你，半径为10厘米的圆形，它的面积是多大，你一定知道用 $S=\pi r^2$ 这个公式来计算，但是如果回到这个公式被发现之前，恐怕中国最聪明、最有能力的人也很难回答这个现在的小学生就能回答的问题吧。这个道理对中小企业的管理者、创业者而言同样适用。解答数学、物理、化学的问题，学校老师会教给学生"工具"；解决企业经营管理中的问题，有没有这样的"工具"呢？答案是肯定的，我想这就是本书的写作目的和价值。

读过君健的这本《中小企业识人用人一本通》，我最大的感受就是，这是一本接地气的适合中小企业、创业企业管理者使用的管理书。这本书更加偏重解决问题，它具有实操性和工具化的显著特点。这样的知识，很难出现在商学院的理论课课堂上。只有真正有过创业经历，从 0 到 1 搭建过企业，亲自领导过不同阶段的企业并加以总结，才能够沉淀出这些有用的工具。一个企业的成功 = 战略 × 组织能力，如果没有组织能力作保障，再正确的战略也会变得毫无价值。我相信，这本书对致力于打造优秀组织能力的企业家而言，一定大有裨益。

祝鹏程

凯辉基金运营合伙人

2022 年 1 月

2015 年，我们拿到了今日资本的融资，从零到一创业至今，这是我第一次作为企业人力资源负责人正式操盘一家公司的人力资源工作，在那之前，我在宝洁、1 号店这样优秀的企业中已经有了十多年的人才培养工作经验。当我真正开始作为一家创业企业的合伙人去识人用人时，我还是遇到了在之前大企业的工作中几乎不会遇到的各种问题。

我还记得，当时仅仅只是招一名线下水果店的店长，就花了快两个月的时间。最开始我们只是在网站发布了招聘需求，然后就开始了"守株待兔"——就像大企业招人的习惯方式那样，人力资源部只需要等人才主动上门就好了。和想象中候选人纷至沓来的景象完全不同，最初的两个星期压根儿就没有人投简历。我们线上系统的开发速度已经远远跑在了业务之前，而由于没有店长，作为 O2O 战略重中之重的线下开店计划就这么一直搁浅着。好不容易"捞到"了一两份优秀的简历，结果人家根本看不上我们这个"草台班子"，而如果按照我当年在大企业的用人标准，这些所谓的"优秀"简历，我其实也看不上。直到后来我干脆拉下面子，到竞争对手的水果店里去和店员、店长套近乎，到劳务中介市场去"抢人"，到老乡会去做宣传，慢慢才出现了转机，大量优秀的门店零售人才开始储备起来。这些在大公司看起来是"野路子"的方法，却实实在在地帮助创业企业迈出第一步。

无论是在初级用工岗位识人用人上，还是在中高管的吸引、识别、落地上，创业企业都存在着和大企业非常大的区别。然而，很多创业企业依然在犯"刻舟求剑"的错误，它们原封不动地照抄华为、阿里巴巴（简称阿里）、宝洁的方法，结果"水土不服"。2018年，我开始做人才梯队相关的管理咨询工作，在帮助许多中小企业搭建人才梯队的时候发现，很多企业因为迷信"大企业"的人才方法，往往付出了远超过自己当前业务、战略承受能力的薪酬成本进行人才高消费，导致企业人浮于事，人效产出低迷；或者照搬大企业的标准评价人才，结果无人可用。我曾经辅导过一家营业额为1亿元左右的企业，人均年销售额仅为50万元，仔细调研才发现，原来这家企业学着某家大企业搞了一整套集团公司才需要的组织架构。一方面，由于人均产出低，企业没有足够的利润给员工发绩效、做晋升，大量熟手选择了离开；另一方面，由于企业没有找到突破关键业务卡点瓶颈的方法，真正的高手看不到自己能创造什么价值，也不愿意进来，企业陷入了恶性循环。

这些经历让我深刻体会到，中小企业在识人用人方面和大企业至少有三大不同：

（1）人才加入的渠道不同。大企业由于自身的知名度和美誉度较高，只要用好一两个招聘渠道，往往就可以起效果。而中小企业由于自身天然的声望劣势，就必须要学会拓宽招聘渠道，放低姿态，主动出击。

（2）人才加入的动机不同。大企业福利好、稳定、工作相对轻松，而中小企业尤其是创业企业，存在着巨大的不确定性和组织不完善的特点，所以，中小企业在吸引人才的时候，不能和大企业硬碰硬地拼可以提供的薪资条件，而应该让候选人看到企业发展的战略，以及自己如何创造价值，通过讲发展的故事吸引愿意挑战不确定性的人才。

（3）人才价值创造的出发点不同导致评价标准不同。大企业有充足的人才储备，所以招聘更像是一个"择优"的过程，只要最好的，拔尖儿就行了。而且大企业流程完备，按照自己的意愿去培养人才即可，所以它们往往可以大量招聘应届毕业生，自己慢慢培养。中小企业的招聘则是一个"汰劣"的过程，只要所聘用的人当下能给企业创造价值且自身没有"硬伤"，那就可以先用起来。面试中发现的这个人可能存在的问题，在未来使用、培养的过程中注意就好。如果只是机械地照搬大企业的用人观，就会导致中小企业无人可用。

如今，越来越多优秀的职业经理人选择把创业作为自己的事业发展方向，越来越多的"草根"中小企业，也希望自己的企业"后继有人"，可持续发展。这些来自中小企业的需求，都对识人用人提出了全新的要求，传统"教科书式"的人力资源教材，已经无法满足求贤若渴的中小企业。

本书的一大特点在于理论工具化，"少说道理，多给工具"，这一点我在管理咨询中深有体会。管理中的各种"大道理"就好像"做菜要放盐"，都是"正确的废话"，具体什么时候放、怎么放、放多少才是关键。本书一共给出了50张图表工具，相信只要照着做，至少可以达到"60分"。对于中小企业，发展是第一位的，在快速发展的过程中，"萝卜快了不洗泥"很正常，只要方向大致正确，具体操作起来有些许不完美，一时半会儿做不到100分甚至80分，都不是当前的主要矛盾。

本书的另一大特点在于从业务出发，看人力资源管理动作。我并不是严格意义上"科班出身"的HR，在宝洁工作的8年时间里，我一直在销售部，只是因为对人才发展工作的热爱，我自学了宝洁科学的识人用人的方法。后来创业时，除了分管人力资源，我还一度管理过供应链、政府关系等模块。不过正是因为我不是从招聘专员、培训主管这样正统的人力资源序列走上来的，我对人力资源管理动作没有所谓的"执念"。对于一切管理工具，我只有一个评价标准，那就是对业务发展有没有切实的帮助。有，我们就用；没有，那就先搁置。

本书适用的对象包括中小企业的CEO、大企业出身希望更接地气的高管、中小企业出身希望接触工具化管理方式的高管、企业的人力资源工作者，等等。为了帮助更多的中小企业管理者少走弯路，我研究了大量优秀中小企业的实证案例，并结合近年来管理咨询积累的实操经验，从识人用人的全流程展开。相信学习后的企业将会掌握识人用人的科学方法，精于识人，善于用人，使企业突破关键业务的卡点瓶颈，早日走上发展的快车道。

目录 · CONTENTS

第 3 章
布局篇　人才全景图一览　/　49

第 4 章
画像篇　"看不准"是因为没有"想清楚"　/　78

第 5 章

识别篇（外）　招聘面试的技术　/　114

第 6 章

识别篇（内）　内部人才选拔　/　152

原 / 则 / 篇　**中小企业的人才策略和**
成熟大企业不一样

1.1　中小企业的人才之痛："先有鸡还是先有蛋"

中小企业的人才策略，和成熟大企业究竟有何不同？在这一章，我们先从一个案例切入，来体会一下这种差异。

飞鱼国际[⊖]是国内一家发展迅速的化妆品跨境贸易企业，拥有100多名员工，管理5个核心经销商，有接近1亿元的年营业额，在欧美化妆品细分市场已经做到了行业前三。

这家企业下一步的发展思路，是把国际业务复制回国内。不过，

　⊖　因尊重企业隐私，本书中出现的案例企业名和企业家名，如无特殊说明均为化名。

由于国内市场的特点，线上新媒体、新电商的零售渠道将是爆发的机会点。创始人孙总希望企业走通国内零售市场，5年后营业额突破10亿元，员工突破1000人。公司所在行业已经有很多国际业务复制到国内的成熟的成功案例，孙总认为十拿九稳。

孙总是阿里中供铁军出身，对于人力资源（HR）的价值非常看重和认可，同时对现有的人力资源团队（1名薪酬专员和1名招聘经理）非常不满，认为他们只会发工资、招中级员工。他认为，企业在现阶段，就需要一位有经验的人力资源团队负责人，全面负责国内电商人才的引进、团队人才的梯队建设、文化价值观萃取、管培生招聘，等等，这样，企业在发展伊始就能够打下比较好的基础，避免扩张后组织失控。孙总还听说了人力资源的"三支柱模型"，他觉得也应该安排上。这位候选人应该有15年以上工作经验，同时最好有在阿里、华为、宝洁这种顶级企业的人力资源部5年以上的工作经历。

理想很丰满，现实很骨感，孙总的招聘需求发布了近10个月，来应聘者寥寥。最终托了以前老领导的关系，和阿里的一位HR高管简单聊了聊。对方全程表现得礼貌、客气，对于孙总看好的业务模型似乎也不太"感冒"。这位高管表示，自己现在带的HR经理团队加起来都已经快20人了，已经不太接触一线工作，对于招聘、培训的技术，可能还不如一名HR经理熟练。来飞鱼国际从零做起，对自己的职业生涯也没有任何加分。其实，这位高管没有说的是，飞鱼国际能不能挺过本土化这一关还是个未知数，不妨等两年，如果飞鱼能够顺利本土化，那么到时候再过来也不迟。

同时，在了解了候选人的薪资现状后，孙总才反应过来，这样的候选人一年的薪酬，快赶上自己企业1/3的利润了。而且仅仅引入一名人力资源高管，显然是不够的，还得围绕他配备人力资源总监、经理等整个人力资源团队。

冷静下来之后，孙总感受到了巨大的落差。以前自己在阿里的时候，招聘广告一发布，各路精英就立刻抢着来，自己可以选择的余地非常大。非名校、无名企经验的候选人，连简历关都过不了。现在自己出来做虽然也顶着阿里系的光环，但似乎没什么用。尽管飞鱼在细分市场小有名气，但是圈外人根本就没听过。飞鱼国际也开不出那么高的工资，就算把自己企业的股份稀释出去，对方也未必看得上。

这就是今天中小企业在用人上遇到的现实的"先有鸡还是先有蛋"困境——到底是先有人才，再有发展；还是先有发展，再有人才？企业初始阶段，没有大企业的名气，也开不出有竞争力的工资，这就吸引不来人才。反过来，如果人才不到位，企业的发展又有可能受到进一步的制约。

1.2 "阶段性原则"：避免陷入"全面提升陷阱"

中小企业用人，一定要避免陷入"全面提升陷阱"。有些中小企业利润刚刚有些起色，立刻就开始按照大公司的配置和用人标准，开始全面引入人才，提升人才水平。殊不知，这样激进的做法一来会导致新老员工工作方式上的巨大冲突，二来也会导致企业的用人成本激增。要想突破"先有鸡还是先有蛋"困境，**关键在于把控好用人的节奏，用关键人才换发展空间，用发展空间换下一阶段的内部关键人才成长**。

在理想状态下，可以把人才按照用途（是用于突破当下瓶颈，还是用于解决未来问题）和员工特性（是创新型，还是维持型）分为A、B、C、D四类，如表1-1所示。

表1-1 中小企业四类人才策略

	突破当下瓶颈	解决未来问题
创新型	A类 特种兵（立刻外部引进）	C类 参谋（囤在企业外或聘用外脑）
维持型	B类 近卫军（破局后老团队接手）	D类 子弟兵（内部培养）

如果是用于突破当下瓶颈，而且企业要进行颠覆式创新，"A类特种兵人才"是首选。工作很像玩电子游戏，玩过一遍甚至多遍的关卡，下次再玩的时候，你自然知道哪里有"陷阱"、哪里有"怪物"，哪块砖头后面有"奖励"。所谓的"A类 特种兵人才"往往就是这个领域的"熟练玩家"，他们在某个"关卡"（行业），已经来来回回走过多遍，帮企业节约下的时间都足够支付他们的高薪水了。像这样的人才，几乎很难培养出来，而且也没有必要去从零到一培养。（当然，需要注意的是，本书提到的"A类 特种兵人才"或者关键人才，并不局限于高管，只要是能解决卡住企业发展的问题的都可以算作"人才"。）

如果小企业在用人上按部就班，跟着行业内的大企业亦步亦趋，那么大企业迟早可以通过丰厚的现金流、充分的研发投入、足够的人才储备，慢慢把小企业耗死。在"A类 特种兵人才"取得突破后，要靠"B类 近卫军人才"，也就是企业老团队的骨干，迅速跟进，扩大战果，进行业务复制、运营等工作。

"在小米公司刚刚起步的时候，很多人才在加盟小米之前都会非常犹豫，那个时候，雷军是怎么集聚人气的呢？主要靠他的创始人团队。为了吸引到公司需要的人才，几个人轮番上阵，甚至有的时候和人面

谈，一聊就是将近 10 个小时，很多优秀人才终于被公司合伙人的诚意打动，答应加盟小米。"⊖

所以，一方面，中小企业一定要敢于启用"A 类 特种兵人才"突破业务瓶颈，目的是省下时间，用于"弯道超车"。打个不恰当的比方，要带领动物们参加爬树比赛，关键在于直接招来猴子，"拿来"就能参赛，而不是去培养大象。中小企业要想弯道超车，关键在于赢得充足的时间；企业自己的体系都不健全，这个时候想独自培养人才，太慢；"拿来就能用"的人才，可以快速解决燃眉之急，突破发展瓶颈，和创始团队互补短板。（至于怎么吸引 A 类人才加入，我们在后面的章节还会展开。）

另一方面，中小企业不能学大企业，囤积"非阶段性人才"。

这是因为，中小企业和大企业在生存压力上的不同，带来了一系列的用人方式不同。大企业"家底厚"，生存压力相对较小，用人时比较看中这个人的"可塑性"。就算候选人一时半会儿出不了业绩，其实也没那么着急，可以慢慢培养"D 类 子弟兵人才"（用来解决未来问题，维持运营）；况且大企业往往自带成熟体系，个人的作用相对没那么高。而中小企业，资金紧张、利润有限，人才要立刻见到价值，企业才可能付给他高工资。所以，中小企业招人，要讲究"看菜吃饭"，没必要超前太多。解决未来问题，则需要具有一定的创新经验的人才，我们称为"C 类 参谋人才"，可以把他们"囤在企业外"。先维护好关系，保持联系，甚至聘请为企业的顾问，等到创造价值的机会来临，再挖过来也不迟。

⊖　资料来源于微信公众号"电商报"文章《雷军：合伙人比制度更重要》。

拿飞鱼国际来说，现在孙总想引入的人力资源高管，就是典型的"C类 参谋人才"，一时还发挥不了攻城拔寨的大作用。孙总的当务之急是尽快引进国内零售的"A类 特种兵人才"，而非完善人力资源这条线。就拿文化价值观的萃取这件事来说，如果企业没有足够多的成功案例，就算编了几个所谓的价值观，也没有办法服众。此时若不完成"把国际业务复制到国内"这业务上的"惊险一跳"，则很难吸引到更高端的人才加入。

而且，从这位人力资源高管的角度考虑，他现在加入飞鱼国际的动力也不大，是不太可能挽起袖子到一线去做具体业务的。就算他有这个积极性，也因为久居高位，业务能力很可能不如一个专业的招聘经理或者人力资源总监，甚至都不如直接聘用外部猎头更有效率。

阶段性的人才观还可以用在识人的具体操作上。例如，如果招到了一个候选人，能力、背景等都特别好，但是有一点瑕疵，比如，其某条价值观和企业提倡的没有那么一致，这个人该不该用？如果是机械地学阿里、学华为，那直接否定掉是最容易的。但是，对于还处在襁褓之中的中小企业，生存和发展是第一位的，这个时候，如果这位候选人在此阶段可以助企业一臂之力，当然可以对他进行"限制性使用"，例如加强对他的管理和监控，配备合适的助手，等等。

1.3　中小企业人才体系搭建阶段性任务差异

那么，具体而言，在人才体系搭建上，中小企业在不同阶段，有哪些有代表性的任务呢？在实践过程中，茂诺咨询公司发现，中小企业可以按照发展水平分为四个阶段，在每一个阶段内，"选""用""留""育"的策略都有一定的共性，如表1-2所示。

表1-2 关键人才任务清单

	生存期 1～10人 天使、Pre-A轮	窗口期 10～150人 A轮	扩张期 150～450人 B、C轮	复制期 450人以上 D轮以上
关键词	"一切为了活着"	"全民皆兵"	"统一"	"赋能"
选	• 招身边人3F	• 面试清单 （招帮你捅破天花板的人）	• 胜任力搭建 • 面试官制度 （养过猪的人）	• 引入职业经理人
用	• 谁能力强用谁	• 专业人才盘点	• 管理干部盘点 • 文化价值观考核	• "HR三支柱"
留	• 大量试错	• 能者多"拿"	• 个人发展计划（IDP） • 人才池建设 • 晋升通道 • 薪酬绩效	• 内部提拔制度
育	• 通用能力	• 专业能力	• 管理能力 • 学习地图	• 管培生计划 • 内部培训师

这四个阶段分别是：生存期、窗口期、扩张期和复制期，区分的关键标志是人数（仅针对一般企业，例如咨询公司、律师事务所等人数偏少的企业不在此列）和融资轮次（如果是风投型融资创业企业）。处于"生存期"的企业，一般来说，规模在十来个人，业务模式还没有完全跑通，创始人还在拉第一笔天使投资。这个时候，企业的关键词是"一切为了活着"（严格意义上讲，该阶段的企业还都算不上"中小企业"，充其量是个小微企业）。在选人方面，只能是用好身边的3F（Family，亲戚；Friend，朋友；Fool，愚者），因为只有他们愿意跟随你一起打拼。在用人方式上，也比较简单粗暴，谁能力强就让谁上，给他更多的机会。在留人方面，谈不上什么策略，更多需要通过大量

试错，不断淘汰替换，找出合适的人选。在人才培养方面，偏重学习能力、沟通技巧这些较为基础的通用能力——因为这个时候业务还没有成型，没有所谓的专业技能可言。同时，由于团队人数很少，管理能力的提升更是谈不上。

在第二阶段"窗口期"，企业的人数到达了150人以内这个量级。为什么150人是一个重要的分水岭呢？在《梳毛、八卦及语言的进化》这本书中，罗宾·邓巴通过研究原始部落发现，大多数的部落人数都在150（称为"邓巴数"）人以内。他的研究表明，一个有效的社会关系网络能够容纳的最大人数，就是150人。这个神奇的数字在很多组织中都有运用，比如，部队里一个连的人数，也在150人以内。

在这个阶段，企业开始出现了初步的"高管、中层、基层"的分层管理，创始人一个人已经没有办法直接指挥全体员工了。企业开始准备A、B轮的融资，一旦踩对风口，很快就会再上一个台阶。但如果没有取得关键业务突破，企业则很容易长时间被锁死在这个规模内，所以我们管这个阶段叫作"窗口期"。

窗口期的关键词是"全民皆兵"。企业不应该有太多的"后勤部门"来安放与业务不直接相关的岗位。在此阶段，企业"选对人做突破"是重点，尤其是前文提到的"A类 特种兵人才"，他们能够帮企业快速突破业绩的瓶颈，捅破发展的天花板。企业要清楚自己招的人应做什么、需要创造什么价值，并通过面试清单的方式固化下来。在"用人"和"育人"方面，可以开始进行业务专业方面的人才盘点，识别出合适的"B类 近卫军人才"进行培养，随时准备扩大、巩固"A类 特种兵人才"带来的战果。在留人上，往往也不需要所谓的"绝对公平"的分配机制，简单的能者多"拿"是更合适的。谁给企业带来更多的业务，就得到更多的收入。

第三阶段"扩张期"，这个时候，团队人数已经突破了"邓巴数"150，管理结构已经逐渐清晰，部门也开始成型。这个阶段的人才关键词是"统一"。一方面，企业要把战略一步步分拆到关键任务和核心指标上，最终和员工的选、用、留、育标准"统一"在一起——要做什么业务，就招什么样的人和培训什么样的能力。另一方面，选、用、留、育标准本身也要统一。很多企业往往从不同企业招来不同工作背景的招聘经理、培训专员、薪酬主管等，缺乏一套系统性的组织能力的打法。如果没有统一这些识人、用人标准，就容易导致人才识别失效。

在这个阶段的人才选择上，由于企业规模的扩大，创始人基本上已经不太可能面试每一个员工了。企业要开始进行人才画像（也就是人才胜任力模型的搭建）、面试官制度的制定，等等。要特别强调的是，这个阶段企业引入的"A 类 特种兵人才"，有一个重要的属性叫作"养过猪的人"，即他要有从零到一的业务实操和体系搭建经历，而不只是参与过别人搭建好的体系的运营（相当于"只吃过猪肉的人"）。适当引入大企业出身的候选人，可以帮助企业升级管理水平，但不要过分"迷信"那些只会纸上谈兵、眼高手低，而履历又特别光鲜亮丽的候选人。

在扩张期的"用人"上，"管理干部盘点"和"文化价值观考核"开始成为重点。因为这个时候，组织层级增加，"部门墙现象"开始出现。随着人数的增加，老员工以前靠默契配合的工作方式，逐步要让位于流程制度和价值观约束。在"留人"上，以往靠创始人个人魅力和私人关系的留人方式，也要逐步让位于"发展留人""文化留人"和

"绩效留人"等。所以类似于"晋升通道""干部储备人才池""薪酬绩效"等工作，就要开始提上日程。在"育人"上，管理层的能力建设和基于业务流程的"学习地图"是两个重要的关键任务，开始为下一阶段的复制期做人才储备。

第四阶段是"复制期"，这个时候，企业人数已经超过了 450 人，也就是三个"邓巴数"的规模。此时企业也许已经在进行 D、E 轮融资，甚至在准备 IPO 了。业务不但已经完全跑通，企业产生盈利，甚至已经开始了规模化复制。在"选人"这件事上，可以开始大批量引入职业经理人了。在"用人"方面，"HR 三支柱"逐渐开始有了用武之地，以便更好地服务复杂的业务。此时，"D 类 子弟兵人才"（用来解决未来问题的维持型人才）是企业主要的人才来源，所以需要在留人上，建立"内部提升制度"，通过管培生项目进行"子弟兵"的培养。并且大量使用内部的讲师，而非外部聘请培训师。一方面可以大幅度降低培训成本，另一方面也能够帮助企业沉淀并萃取自己的知识、经验，形成知识资产。

这时候，我们再回到飞鱼国际的案例，就可以更加清晰地看出孙总在招聘人力资源高管上遇到的问题，根源到底在哪儿了。

飞鱼国际现在一百来号员工，是典型的第二阶段"窗口期"企业。而孙总期待那位人力资源高管做的如"三支柱搭建""管培生招聘"等工作，其实是在第四阶段"复制期"的时候才应该做的。至于"文化价值观萃取""人才梯队建设"等属于第三阶段"扩张期"的工作，也可以通过使用外脑，比如聘请管理咨询公司，迅速搭建一套"短期够用"的体系来过渡。

1.4 "精兵原则"：从一个"先做大还是先做强"的案例说起

除了"阶段性"这个原则，中小企业在人才策略上，还有一个重要的"精兵原则"。

海马服饰公司（以下简称海马服饰）是一家服装类电子商务贸易企业，目前有 150 名员工（另有仓库员工 50 名）。公司成立 5 年，目前营业额 1 亿元，公司地处湖南长沙。服装电子贸易的细分市场，利润很薄，主要竞争对手营业额都在 3 亿元左右。但是，对海马服饰来说，市场此时到了一个难得的快速扩张窗口期。海马服饰新的目标是两年到达 3 亿元的规模。公司 CEO T 总认为接下来应该招兵买马，把团队规模先同比例增加 200% 到 450 名。但有一个问题一直困扰着 T 总——那就是居高不下的离职率。尤其是运营和客服部门，居然分别达到了 260% 和 300%。海马服饰员工构成如表 1-3 所示。

表 1-3　海马服饰人员结构表

	运营	采购	客服	美工	财务	人事	行政	其他
人数	40	10	60	10	10	5	5	10
年离职率	260%	120%	300%	30%	10%	20%	20%	10%

对于海马服饰这盘子生意，T 总的思路是先把生意规模做大，把业务和人员规模扩起来。他认为公司大了，留人就容易了，离职率自然会降下去。但是，如果我们帮 T 总简单地算一笔账，就会发现海马服饰有一个关键的问题亟待解决：一共 200 名员工，支撑起了 1 亿元的营业额，也就意味着平均每位员工的人效，仅仅只有 50 万元。

一般而言，这种类型的电商企业，人力资源成本在营业额的 10% ~ 15%。也就是说，T 总用于发工资的成本（此处未含社保、公积金等综合成本），也就在 5 万～9 万元 / 人。这个工资水平在当地仅仅能够招来刚毕业一两年的员工。一旦这些员工干成了熟手，海马服饰没有任何可以供员工晋升、成长的岗位机会，员工只能选择跳槽以升职加薪，离职率居高不下也就理所当然了。

同时，个别部门已经出现了严重的"工作不饱和"的情况，例如财务部、美工部等部门。在通过对各个部门进行工作量分析之后，T总忽然意识到，原来不少员工到了下午4点左右，手上的活已经干得差不多了，为了不让上级觉得自己没有价值，又"自己给自己"找了不少的工作。比如，美工部的美工们花了大量的时间在一些图片的细节上改来改去，而顾客根本无法用肉眼察觉这些改动。而财务部则打着"提高学习能力"的旗号，不少员工都在上班时间准备财会方面的考试。

T总就责问公司HR：为什么放了这么多人进来，导致组织管理完全失控？原来，海马服饰的HR负责人从大公司跳槽而来，习惯了大手大脚的招聘模式，讲究"一个萝卜一个坑"。比如，运营要细分为活动运营、用户运营、店铺运营、产品运营、渠道运营；财务则有管理会计、财务总监、资金总监、财务部经理、审计主管、会计、助理会计、出纳员、收银员。再加上T总平时习惯了做甩手掌柜，把招聘的权力完全下放，各级管理者为了证明自己"很忙""很有价值"，于是就拼命招人。

在我们看来，中小企业如果出现"人浮于事，工作量不饱和"的状况，至少有三个弊端：

（1）人力费用成本高。不要小看多一名、两名员工带来的成本增加。一名税后工资 1 万元的普通员工，税前工资约 1.4 万元，算上社保、公积金等在内，企业的月成本要接近 2 万元。算上年终奖、招聘成本、培训成本和工位成本等，一年就是 30 万～ 50 万元的支出。

（2）沟通协作成本高。现代职场的员工，大部分是"智力工作者"，也就是说，他们的工作往往不是利用具体的工具，而是通过人与人之间的协作来解决问题。在沟通协作中，每增加一个沟通节点，沟通成本就会出现指数级的增加。两个人之间，碰一次头就可以讲清楚的事，五个人合作，极端情况下分别两两开会，最多有可能要开 4+3+2+1=10 次会。

（3）企业奋斗文化损失成本高。这是一个隐性的成本，如果团队中出现了工作不饱和的小团队，那么一种"不患寡而患不均"的想法就会弥漫开来。工作不饱和的团队会觉得自己"闲"是应该的，努力的团队则会认为自己"吃亏"了，最终大家都会"慢"下来。这种负面想法给企业带来的在奋斗文化上的损失，是无法计算的。

"2011 年 8 月，美团共有员工 2500 人左右，截至 2013 年 3 月，人数是 2700 人，一年半的时间里居然才仅仅增加了 200 人。相比起来，同行对编制数却放得很松。2011 年，窝窝团和拉手网的员工数量一度攀升至 5000 多人。结果，美团赢得了千团局，成了现在的行业霸主。"⊖

一名优秀的销售，业绩有可能是绩效垫底者的十倍；一个平庸的开发工程师，不但不能创造正面的价值，甚至有可能带来大量的返工。

⊖ 摘自微信公众号"穆胜事务所"的文章《穆胜：人力资源管理进入效能时代》。

对中小企业而言，与其招一班庸才，不如打造一支精兵强将构成的队伍。这样做，不仅节约人力成本，更重要的是，减少了沟通环节，提高了组织战斗力。在《奈飞文化手册》这本书中，奈飞前首席人才官帕蒂·麦考德也提出了类似的观点：**你能够为员工做的最好的事情，就是只招聘那些高绩效的员工来和他们一起工作。**

判断组织战斗力，最好的衡量指标就是人效。人效的算法，通常是收入业绩除以平均在岗人数。如果企业业务复杂，需要看得更细，还可以用利润除以人数，甚至分区域、分业务单元看，如表1-4所示。

表1-4　人效诊断表

区域/业务单元	过往12个月实际平均在岗人数	过往12个月均销售额（万元）	人均产出	总人工成本	总人工成本占收入比	过往12个月均利润额（万元）	人均利润	总人工成本占利润比
××区域								
××区域								
××区域								
××区域								
……								
××区域								

当然，提升人效的办法，并不是简单粗暴地裁员。控制人员存量（分母不变），做大业务增量（分子增加），是一种比较健康的提升人效的办法。那么，到底多高的人效才合理呢？这里有三个参考依据：一是跑赢自己，今年相比去年人效有提升就是成功；二是跑赢大盘，比业界平均水平高也是成功；三是跑赢核心竞争对手，比如海马服饰的竞争对手水牛服饰，同样是营业额1亿元，却只用了100名员工，则海马服饰的人效就应该要向水牛服饰这样的目标看齐。人效目标没有达成前，应该冻结新增的招聘请求。

同时，中小企业一定要把资源放到核心人才上，至于非核心岗位，则可以采用不同的解决方案，从而提升人效。这里我们放了一张定义矩阵图，帮助 CEO 们做一个快速的自测（见图 1-1）。

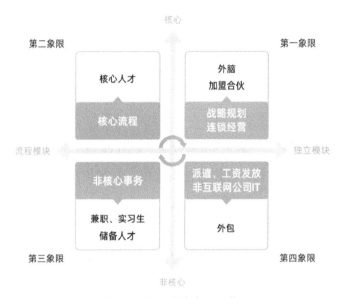

图 1-1 核心岗位定义矩阵

矩阵的纵轴关注的是业务是否为核心：例如，对于贸易企业，销售、采购这些属于核心业务；员工工资发放、财务系统开发等都属于非核心业务。矩阵的横轴区分这个业务是可以独立切割出来的模块，还是嵌套到流程当中无法切割的。例如，如果企业的整个营销业务围绕着电商运营展开，类似很多"淘品牌"，它们的主要部门包括市场、设计、定位、传播等，都向电商部门汇报或者是为其提供服务。那么，这时候，电商运营就属于流程模块，无法切割出来。但如果企业的电商运营团队向市场部负责人汇报，那么，这时候电商运营就属于独立模块，可以使用代运营等方式外包。基于此，我们可以得到如下四个象限的用人策略。

▶ **矩阵象限一，核心的独立模块**。比如餐饮公司的加盟业务，既是核心业务，同时又是相对独立的。企业完全可以通过开放加盟来减少企业的运营压力。类似的还有企业的战略咨询、人才管理、财务咨询、营销咨询等工作。这时候不妨大胆引入外脑，专业的事就交给专业的人（例如咨询公司或者顾问）去做，这可以起到四两拨千斤的作用，企业没必要自己去高薪聘请高管入职企业全职来做。

▶ **矩阵象限二，核心的流程模块**。例如海马服饰的采购、电商运营工作，这块不可以假他人之手，必须牢牢抓在自己的手中。非但如此，企业还应该投入大量的招聘、培训预算，帮助这个模块的员工成长，打磨企业自己的核心竞争力。

▶ **矩阵象限三，非核心的流程模块**。这是指既没有办法从流程中切割出来，又相对没那么重要的工作。比如，电商运营工作中的价格输入、规格维护，采购工作中的比价、市调信息搜集，双十一大促时临时增加的打包工作等，都可以通过请兼职人员或实习生来完成。所以重新盘点海马服饰仓库工作量后发现，按照正常的发货量，30 人足够。剩下临时性的工作，完全可以通过在大促等高峰期来临时，聘用临时工来解决。

▶ **矩阵象限四，非核心的独立模块**。它们既没那么重要，又能够被切割出去，则可以使用外包公司来解决。例如，海马服饰的工资发放工作，就没必要请一名 HR 全职做，可以交给人力资源外包公司。图片设计工作可以交给设计公司，甚至在业务量不大时，部分的财务工作都可以交给代记账公司，等等。

常见的可以外包的服务包括：

- ▶ 人力资源方面：工资发放、员工派遣、员工社保开户变更、入职体检、人才招聘，等等。
- ▶ 技术研发方面：驻场开发、软技业务、运维外包、高端技术人员招聘、数据库服务、服务器外包，等等。
- ▶ 运营方面：呼叫中心业务、仓储配送、电商代运营，等等。
- ▶ 品牌方面：战略定位、品牌视觉、新媒体运营，等等。
- ▶ 财务方面：代记账、税务申报，等等。

经过上述系列优化，海马服饰在两年后成功达到了 3 亿元的营业额时，人数对比两年前仅仅增加了 50 人。这也就意味着企业的人效从 50 万元 / 人，增加到了 120 万元 / 人。有了更多的收入，企业可以拿出更多利润和晋升的机会分配给成长了的员工，并且可以引入更多的高手，从而支撑公司的进一步增长，这就形成了良性循环。

1.5 "工程化原则"：人才体系建设是一个"端到端"的"工程"

既然我们知道了不同阶段要用不同的人，用的人要尽量是精兵强将，那么我们就足够跳出"鸡不生蛋，蛋不生鸡"的困境，让内外部人才源源不断地涌现了吗？当然不够。对于中小企业，只抓招聘是不够的，人才管理是一个"端到端"的工程，也就是第三个原则——工程化原则。

这里有两个关键词，一个叫"工程"，一个叫"端到端"。在我们看来，人才体系建设也是一个工程，需要进行量化处理，制定人才标准，平衡人才的效率（招聘和选拔速度）、质量（人才成功率）、成本（人才成本）和安全（控制企业用人风险），从"工业工程"的管理思路里借鉴方式和方法。

"工业工程是关于复杂系统有效运作的科学，它将工程技术与管理科学相结合，从系统的角度对制造业、服务业等企业或组织中的实际工程与管理问题进行定量的分析、优化与设计，是一门以系统效率和效益为目标的、独立的工程学科。从大规模生产系统、物流交通系统到医疗服务系统，效率、质量、成本和安全等都是工业工程专业的核心内容。"⊖

但是在实际工作中，很多中小企业对于人才的描述是模糊的，对工作要求的标准是定性而非定量的。这就极容易导致最终的人才管理结果满足不了预期的要求。例如，很多企业在年底评估员工表现的时候，就爱用"积极努力"和"认真负责"这样模糊的形容词。再比如，在招聘的时候，写的岗位描述（job description，JD）往往也充斥着"热爱某某行业""有多年从业经验"这样似是而非的字眼。而"工程化原则"则要求管理者在从事人才管理工作的时候，做到定量、有标准可复制，不能凭感觉做决策。在后续章节，我们将带入具体的案例进行阐述。例如，在第 2 章"估值篇"中，我们会介绍通过拆解"业务公式"找关键人才的方法；在第 4 章"画像篇"中，我们会用细化到行为层面的描述，搭建岗位用人模型等。

"端到端"的思想来自迈克尔·哈默，他被誉为"企业再造之父"。

⊖ 资料来源于清华大学工业工程系官网工程管理学科简介，http://www.ie.tsinghua.edu.cn/List/index/cid/2.html。

他提出企业流程要从客户需求端出发，到满足客户需求端去，只有这样，一条流程才算是完成了。中小企业的人才体系建设也是一个典型的"流程型工程"，它和大企业有所不同。对大企业而言，人才工程被细分为一系列短流程，例如招聘流程、继任者培养流程、干部培养流程、企业文化建设流程，等等。每一小段都有专人负责，CEO 和各级管理者没有那么强烈的"端到端"的感觉。而对于中小企业，不能把"人才工程"简单理解为"招聘流程"或"干部选拔流程"。有些中小企业 CEO 把人才的工作扔给了 HR 负责人，甚至是下面的招聘经理，结果就会出现人才"空降失败"或"一次性人才"的现象（招聘来的那几个月可以出业绩，但是人才停止了成长，半年、一年后泯然众人，或者黯然离职）。

　　中小企业的 CEO 应该是人才工程的"一条龙负责人"，要"从头管到尾"。它的开端不是招聘；它的结束也不止于人才拿到了 Offer（聘用通知书）。茂诺咨询公司在多年的工作中，把人才流程分为 5 大关键环节（见图 1-2）。

图 1-2　人才流程 5 大关键环节

　　"人才流程"以"估值"为起点，它向上承接来自战略的人才需求。换言之，对于中小企业，用人的当务之急是找到能够帮助企业突破"业务卡点"的关键人才。首先通过对业务进行拆解、分析，找到那个瓶颈口，然后再有的放矢地引进人才，这样才会事半功倍。本书第 2 章就将介绍如何评估关键岗位，并且利用"人才估值模型"，对人才价值做出判断。

"估值"完成后,并不是马上就开始"招人",而是对"人才在哪里"做一个360°的全景扫描。有些人才可以"买"来,有些人才可以"借"来,有些人才只能自己培养。在招聘方面有哪些具体的渠道,它们的优劣势是怎样的。在第3章中,我们还会专门介绍,应该如何跟类似猎头这样重要的招聘渠道打交道等。

在锁定了用人渠道之后,还不能直接去招人,而是要先进行人才"画像"。为什么有些人看人准?对有些面试官而言,在面试候选人的时候觉得他们是个人才,进来之后才发现被候选人"忽悠了",其背后的秘密到底是什么?在第4章,我们将从人才的冰山模型说起,帮助中小企业的各级管理者在选人的时候,从表面的经验、知识和技能,看到更深层次的能力、动机和价值观。

在第5章,我们将正式进入面试、招聘技术的内容,把上一个环节"画像"里描绘出的模型,用于实际的外部人才识别。

在第6章,我们会从内部人才盘点的角度,讲述如何选拔内部的关键人才。

候选人接受了Offer,是不是就万事大吉了?当然不是。要让这些"空降兵"安全着陆,企业要做很多的工作。不同于大企业"朝南坐"的地位,中小企业的面试官在面试候选人的时候,候选人也在"面试"企业值不值得加入。所以,除了被动的招聘,中小企业还要学会主动出击,"给候选人描绘前景",说服优秀人才加入企业。在第7章"落地篇"中,我们会介绍如何吸引人才加入,以及把人才引进企业后,还要抓住哪些关键时刻,以帮助他们适应新的环境,尽快出业绩,帮助"空降兵"落地。

◾ 本章小结

　　本章从中小企业的用人之痛说起，中小企业如果想要"弯道超车"，要聚焦使用突破"业务卡点"的"A 类特种兵人才"，同时抓好"阶段性原则""精兵原则"和"工程化原则"。在阶段性原则上，要充分考虑生存期、窗口期、扩张期和复制期用人特点的不同，采用不同的选、用、留、育策略；同时，管好编制，利用精兵原则，打造有战斗力的团队；最后，把握识人的"端到端流程"特点，按照估值、布局、画像、识别和落地五个流程进行人才工程建设。

　　以上就是本章的内容。在每一章结束的时候，我们都提供了这样一份《行动计划清单》，帮助你在自己的企业中使用这些方法和工具（见表 1-5）。

表 1-5　"原则篇"行动计划清单

项目名称	描述	建议负责人	落地时间表
阶段性用人需求分析	使用表 1-1 对 A、B、C、D 四类人才分布进行内部评估	CEO	
人效分析	使用表 1-4 对团队是否符合精兵原则进行自测，并制定明年优化目标	HR	

估 / 值 / 篇　　人才估值三层面分析

2.1　这个高管该不该聘请？从战略价值创造层说起

　　人才估值是人才管理流程的第一个模块，只有找到、找对关键人才，并对这个岗位的价值做出正确的评估，才能保证用人的方向是对的，避免人才浪费。**人才估值有三个层面：一是战略价值创造层，二是价值实现路径层，三是价值实现监测层。**战略价值创造层是指，企业要这位人才在战略上帮企业达成怎样的价值目标；价值实现路径层是指，在具体战略的实现路径上，如何达成价值目标；价值实现监测层是指，在价值实现的过程中，如何监测价值的实现。

　　在正式开始分析人才估值第一部分战略价值创造层之前，我先从一个案例说起。

孔总是阳光教育（Pre-A 轮）的创始人兼 CEO，他的公司专注于"数据分析师"的教育和培养。在一次行业峰会上，他遇到了另外一支 8 人的教育小团队负责人小 A。这支团队的产品线是"AI 算法师"的教育，刚好可以作为阳光教育目前产品线的补充。孔总和小 A 聊得特别投缘，小 A 也表达了带团队加入的意愿。孔总一激动，当场口头承诺给小 A 60 万元年薪、期权和一笔补偿，其余 7 人也可以各自拿到 30 万～ 40 万元不等的薪水，他打算把团队整个收下来。

回到公司后，孔总想起了和他一起创业多年的合伙人老兄弟们，当年他们都是降薪加入，到现在年薪最高才 20 万元，期权也没有给小 A 的多。（注：以上薪水数字均已做模糊化处理，仅体现和新员工的差距。）

孔总非常纠结，毕竟一边是自己的"老兄弟们"，小 A 加入后这种薪酬的不平衡，自己是很难交代的；另一边是外人，是新人，打破平衡当然是不妥的，他也不想留下个"喜新厌旧"的恶名。但是，孔总又感觉小 A 他们能够帮企业提升业绩，他心想，要不干脆说服合伙人老兄弟们理解自己的苦心，不要被一时的收入给蒙蔽，要想得长远。他甚至也想过在小 A 的薪酬总包上做文章，把薪酬拆成基本工资和绩效两块。如果小 A 业绩不好，那么，其最终收入可以从 60 万元被扣到 20 万元。

但是很快，他又否定了自己的这些想法，他担心会同时得罪老兄弟们和小 A。老兄弟们会想，凭什么小 A 的薪酬总包是 60 万元，自己的却只有 20 万元，孔总也可以给我们 60 万元的薪酬总包，让我们凭能力来拿绩效。小 A 会想，所谓薪酬总包，不过是给画了个"饼"，自然不愿意全情投入，将来找机会再跳走。

那么，把老兄弟们的工资涨到 60 万元呢？这下也许大家都满意了，但是孔总就不满意了。创业团队大家赌的就是对未来估值的预期，现在把投资人的投资款都拿去发工资了，那不是竭泽而渔、杀鸡取卵吗？

那么，假如你是孔总，你会如何选择？小 A 到底值不值这个价钱？依据是什么？如果引进了小 A，那么老员工工资倒挂（老员工工资比新人低）的问题怎么解决？如果不引入小 A，那么怎么向小 A 推翻说出口的承诺？建议你先思考一下，然后再继续阅读。

有不少中小企业高管，在思考这个问题的过程中，没有充分想清楚人才"到底值不值这个价钱"，反而把注意力放在"薪酬"这些细节上，但这并不是解决问题的关键点，结果只会让股东、创业团队和候选人"三输"。

回到这个案例，孔总决定把他的想法和投资人商量一下。投资人提醒道：这件事的关键，在于小 A 团队到底能不能创造相应的"价值"。只要值，那么就应该引进，反之亦然。在孔总眼里，小 A 团队的"AI 算法师"这套产品线加上自己的"数据分析师"，感觉是强强联合，可以做大估值。但是投资人提出，在现阶段，真正能够帮助阳光教育做大估值的是"商业化变现"，也就是说，要把他们的"AI 算法师"这套课更好地卖出去。换言之，"阳光教育"+"小 A 团队"，只不过是两杯 50℃的水，倒在一起，并不会让水变成 100℃。它们共同缺少的是强有力的"商业化团队"，如果要收购或者招募，也应该奔着这样的团队或者高管去。投资人的一席话帮孔总搞明白了现阶段"价值"的定义。

2.2　中小企业人才价值公式：人才估值 = 创造的价值 − 薪资成本

这是一个非常有代表性的案例，它体现了中小企业在引进人才时和大企业的三大不同。

（1）大企业重"公平"，中小企业偏"效率"。例如，大企业在做薪酬设计时，要通过一系列对标，保证内外部的公平性。内部公平性包括，这个候选人内部职级如何，有没有"倒挂"等；外部公平性包括，这个候选人上一份工作拿多少薪水，在人才市场上位置如何。

而中小企业，没有那么多的层级、数据，甚至很多企业都没有预算去买所谓的"薪酬报告"。所以，中小企业管理者不要拘泥于大企业的那套条条框框，候选人能够给企业带来多少价值才是真正重要的。来一个不能创造价值的高管，哪怕不拿工资，也浪费了团队的时间。也就是说，中小企业人才价值的关键、重点在价值，而不在成本。

（2）大企业讲"稳"和"当下"，小企业求"快"和"未来"。大企业的员工对收入期待"即时满足"，中小企业则赌的是未来，靠发展去解决很多当下的问题和矛盾。

假设阳光教育真的引进了商业化的高管，也确实能够帮阳光教育提高估值。那么，"倒挂"的问题其实是非常容易解决的。比如，孔总可以在企业完成下一轮融资的时候，给"老兄弟们"一次"变现"的机会，额度等于这些年他们降薪到阳光教育的机会成本。打个比方，当年他们都是从年薪 60 万元降到 20 万元来的，一干就是 3 年，那么，可以给出 120 万元的额度，让他们选择是不是要变现。这样做的好处有两点：一是创业是马拉松，你作为管理者或者老板，也许没有那么缺钱，但是老兄弟们有家有室，你要帮助他们做好打持久战的准备；二来给出有额度的选择，也起到保证高管团队保持"饥饿感"的作用。要是高管直接把期权全都兑现了，就很容易滋生"打工者心态"。

总之，对中小企业来说，必须把所有资源投入到符合战略价值的方向上，**不能带来价值创造的人才，就不是"好人才"。**

当然，这个案例里投资人说的"估值"，只是诸多"战略价值"的一种。更具体地说，**只要能够带来包括融资轮次估值提升、股票价格上涨、股东权益提升、企业社会责任体现、可持续经营、利润提升、成本下降或者其他的能帮助企业使命、愿景达成等战略目标达成的，都应该属于战略价值创造的范畴。**

所以，中小企业管理者在引进人才的时候，不应该从候选人的角度出发，而应该从战略目标出发，先弄清楚需要达成什么战略目标，然后才是谁可以来帮助企业达成。只要该人才创造的价值大于薪资成本，就可以大胆启用。我再举一个案例。

笔者曾经服务过一家年销售额数十亿元的电商企业。当时，对于是否要引进一位有百亿元规模业务经验的操盘手，高管团队发生了激烈的争执。因为这位操盘手，开出了接近400万元年薪的天价，算上为他配置的操盘团队，一年要接近1000万元的薪资包，远远超过了团队其他高管的收入水平。最终CEO力排众议，高薪聘用了这位专家。道理很简单，就是一笔经济账：100亿元的营业额，仅仅是提升1个百分点的合同谈判毛利，对企业就是1亿元的利润增加。

2.3 通过业务卡点定义"人才价值实现路径层"

我先从业务卡点说起。就像孔总的阳光教育,仅仅引进一支商业团队,并不会自动带来估值的增加。上一节提到的那家电商企业,在聘用了一个高管后,利润也不会自动提升 1 个百分点。管理者需要在引入人才之前,把导致战略目标无法达成的瓶颈(也就是"业务卡点")找出来,这样才能避免找错人才。

在茂诺咨询公司服务企业的经验中,最好用的一个找卡点的工具就是"公式法",它可以帮助管理者系统性地看到战略达成路径中的关键路径。

举一个最常用的业务公式,来说明电商企业人才的变迁。

$$销售额 = 流量 \times 转化率 \times 客单价 - 商品成本 -$$
$$供应链成本 - 人工成本$$

在 2007 年、2008 年电商行业野蛮生长的黄金年代,电商企业的关键人才主要集中在技术开发、采购、供应链。而 2017 年、2018 年以后,流量运营人才急缺,各种做私域流量、直播的人才千金难求。这是因为,在 2007 年左右,流量极其便宜,一个新客的获取成本只需要几块,甚至几毛钱。电商企业竞争的重点在于,只要把网站架构搭起来,把商品卖出去、送出去,就有生意。而十年后,流量价格已经对比上涨了几十倍。这个时候,商品成本、供应链成本就逐步让位给了为了获客而付出的流量成本,这就是典型的"业务卡点不同,导致的关键任务不同,带来的人才估值不同"。如果不集中资源,解决"流量低成本获取"这个"关键任务",那么即使商品采购成本再低、供应链成本优化得再好,对企业的战略意图达成也起不到决定性的作用。

　　需要说明的是，虽然企业经营的业务类似，但是，经营理念不同同样也会导致业务卡点不同，最终影响用人的模型。

　　比如，传统的企业培训机构的业务公式是这样的：

利润 = 学员学费 × 学员数量 − 老师课酬 − 其他成本

　　在这个模型中，学员数量是卡点，所以传统培训机构无一例外都需要找大量的销售。而且，老师成了培训机构中的"成本项"。所以，一方面多招生，另一方面压低老师课酬就成了大部分机构的选择。

　　而笔者和科学创业平台高维学堂（以下简称高维）合作多年，这种矛盾非但没有出现，反而双方的业务越做越多，这是因为，高维的业务公式是这样的：

利润 = （高维收入 − 高维成本 + 老师收入 − 老师成本）× 学员数量

　　在高维的经营理念中，交付效率是一个重要的指标。传统意义上，老师要完成一次培训的交付，要花大量的精力在招生、咨询、关系维护、课前调研上。但是，高维把这部分工作都包办了，老师只要专注做培训内容输出就行。相当于每个老师自己可以砍掉原本要养的一个大的服务团队，这样总的学费就可以大幅下降，学员数量可以大幅增加，彼此可以双赢，甚至三赢（高维、老师收入提高，学员学费降低）。当然，这样做对高维的班主任的要求，就比传统培训公司的销售要高很多了。他们除了要完成招生，还需要具备服务、咨询、调研等能力。

　　中小企业往往业务结构单一，完全可以用一条公式就写明白。这样做除了能找出你当前的业务卡点、确定关键岗位之外，还有一个重要的作用，就是将来在说服关键人才加入的时候，可以清晰地把请他来的目的讲清楚。

这是因为，对于关键人才，他们不缺工作，他们缺少的是有"价值创造"的工作。如果你的战略没有做到差异化，而且在面试的过程中，说不出关键人才对业务的具体贡献，那么人才很难被吸引来。

2.4　从业务公式中找策略实现层的差异化

用公式法拆解业务，目的是让关键人才能够服务于不同的战略，而不是反过来，让战略服务于不同的人才。卡点的这种差异化主要有三个特点：①从战略出发，企业战略方向不同，卡点不同；②抓主要矛盾，不同企业当前的主要矛盾不同，或者同一企业所处阶段不同，卡点不同；③企业达成目标的方法不同，卡点也不相同。

（1）卡点差异化来自战略方向体现在，同一领域不同企业的策略看似共用一个公式，实则有很大的区别。比如下面这个例子。

一家廉价航空公司，应该聘用薪资要求较低的飞行员，还是薪资要求较高的飞行员？

我们的第一直觉往往是，既然是廉价航空公司，那么当然应该从一切地方省成本。飞行员薪资在人工成本中占大头，自然是要砍的第一刀。

但是，在我们拆解了航空公司的价值链之后，答案就变得"反直觉"了。一家航空公司，如果卖出 100 张机票，它的成本结构是怎样的呢？一般大致如下：燃油成本 29 张、机组加总部人员工资 20 张、飞机维修 11 张、租赁费或购买成本 16 张、税费 14 张、登机口租用 9 张，最终盈利仅有 1 张。⊖

⊖　资料来源于《华尔街日报》，http://news.carnoc.com/list/225/225114.html。燃油成本 29 张的意思是，燃油成本金额相当于 29 张机票的总价，其余同理。

　　而世界上有这么一家"奇葩"的航空公司，它保持了连续 30 多年的盈利纪录。即使在"9·11"事件发生后，几乎所有的美国航空公司都陷入了困境，它却依然盈利。而且，它聘用的是全球薪资要求最高且最优秀的飞行员。它就是西南航空。

　　如果用公式法进行描述，一个简化的模型如下：

$$航班利润 = （乘客票价 × 乘客上座率 - 燃油成本 - 工资成本 -$$
$$登机口租用 - 飞机维修 - 税费） × 起降频次$$

　　其他传统航空公司，资源只放在乘客票价收入上。同样一个旅客，票价越高，企业收入越高。从常理上理解也确实如此——就好像出租车司机愿意拉长途的乘客，所以航空公司更倾向于设计一线城市的长途飞行航班。

　　但是，在西南航空的生意模型里，该公司把资源重心放在了成本结构上。西南航空只做二、三线城市间的点对点飞行，这样，它的登机口租用费用就大幅下降。再则，西南航空对标的是城际巴士的班次，所以需要频繁起降。因此，就好比一家餐厅盈利的秘诀在"翻台率"。对航空公司而言，也有一个类似的指标，那就是一架飞机每天起降的频次。西南航空的飞机起降频次是远大于其他航空公司的，它的飞行员的飞行时间几乎是其他公司的两倍。所以，它需要抗压能力强、技术过硬的飞行员，乐于接受这样的工作强度挑战的人，工资自然是高的。

　　而且，西南航空极其强调乘客体验，所以，它的飞行员不光要会开飞机，还要会"讲段子"，让乘客从紧张的航空旅行中放松下来。

　　比如，别的航空公司禁止乘客在航行途中吸烟都是一本正经地念一段安全须知。而西南航空的飞行员，会冷不丁来这么一段："我们飞机上有两个吸烟区，想吸烟的旅客朋友们，在我们到达巡航高度之后，直接推开机尾的两个逃生门就可以了。"你看，这么有腔调的飞行员，还真的是对得起高工资啊。[⊖]

综上所述，西南航空应该找贵的、优秀的飞行员，来执行它的战略。

（2）抓卡点其实是抓当前的主要矛盾。

企业在对自身业务价值公式进行拆解时，不可避免会出现这样一种情况——看起来到处都是卡点。比如，一家服装连锁企业，其价值公式为：

$$利润 = 店数 \times 单店利润 = 店数 \times （单店收入 - 单店成本）$$
$$= 店数 \times （顾客数 \times 进店率 \times 成交率 \times 客单价 -$$
$$库存成本 - 人员成本 - 其他成本）$$

如果企业不抓当前主要矛盾，把资源平均分配在开店、增加顾客数、提高进店率、控制人员成本等方向上，那么容易导致每个卡点都因为未获得足够支持而无法突破。而如果顾客进店率这个主要矛盾没有解决，开再多的店，店内做再多的促销，严格控制成本等动作，都将变得没有意义。那么，企业应该迅速引入能够提高进店率的人才，来突破这一卡点。类似地，如果此时单店利润已经有了很大的提升，而店数不够成了企业现阶段的卡点，那么就应当主动引入开店人才。

（3）最后，业务公式的目的要体现出对目标达成的方向性，它是动态的而非静态的，方法不同，卡点不同。例如，一家电商企业，它

⊖　资料来源于文章《西南航空，航空界的段子手》，http://www.360doc.com/content/20/0323/09/40502435_901099504.shtml。

要完成今年 1 亿元的销售额，有不同的经营策略，根据电商业务公式：

$$销售额 = 流量 \times 转化率 \times 客单价$$

企业可以选择 1000 万的流量、1% 的转化率和 1000 元的客单价；也可以选择 500 万的流量、4% 的转化率和 500 元的客单价。但是，不同的策略选择，对操盘人才的电商运营能力的要求是不一样的。大流量、低转化的运营策略，需要流量运营、活动运营能力，而低流量高转化需要很强的店铺运营、顾客运营能力、卖点提炼能力等。如果进一步细拆流量，还可以将其分解为新客流量 + 老客复购流量，对于耐用品电商企业（比如电视、冰箱）出身的运营人才，他们习惯于顾客的低购买频次、业务生意往往来自新客购买的特点，此时做好流量采买是比较有效的做法。如果他们到了快消品（比如洗发水、牙膏）电商企业做运营，就会有很强烈的不适应感。因为这些快消品老客复购特点的重要性占比大幅提升，靠拉新客的话企业投入产出比会很低，所以必须把工作重心放到复购上。

如果中小企业不能从企业策略实现层出发寻找人才，而为了人才去修改自己的策略，削足适履，就很容易陷入与下面这个案例一样的困境。

复盘：CEO 没有想清楚业务卡点交的 1000 万元学费

西风科技是一家轻量培训 SaaS（Software as a Service，软件即服务）公司，和传统做"2B 业务"的科技公司不同，它的产品有明显的规模化边际成本锐减的特点。换言之，卖得越多，它的运营成本越低。

如果用公式表达，它的业务利润模型应该是这样的：

$$利润 = 销售数量 \times 客单价 - 运营成本$$

2019 年初，就在公司要集中火力扩大销售数量的时候，西风科技 CEO 张东遇到了他的本科校友，同样毕业于清华大学的李飞。李飞在世界知名咨询公司麦肯锡工作十余年，已经是合伙人级别，得知张东的事业，他特别认同。两人聊得热血沸腾，都觉得可以强强联手。

表面上看，李飞具备张东没有的大客户管理资源、企业管理能力。两者价值观又特别一致，都对培训教育有共同的使命。李飞的动机也非常合适，宁愿放弃高薪加入，说明是想做事的人。粗看这次人才引入，肯定没问题，但问题出就出在战略业务卡点的策略实现层上。

李飞习惯了"少客户数，高客单价"的业务模型，他在麦肯锡这样的公司，客单价动辄上百万元。同样完成 1 亿元的业务，他的组合可能是 500 万元乘以 20 家。而我在前面提到，西风科技的核心竞争力是规模化带来的边际成本降低。张东需要的 1 亿元的业务，组成结构最好是 2 万元乘以 5000 家，因为一旦量上去了以后，运营成本可能会下降几百倍。

换言之，李飞认为，策略实现要靠客单价；而西风的真实策略实现层，要靠客户数量。

不过，一时的冲动，掩盖了双方在战略方向上的分歧。围绕李飞，CEO 张东甚至改变了公司的打法，停止了小企业的拓展，专门引进了一批咨询顾问，帮助李飞打大单。折腾了 9 个月，总算是成了一单 700 万元的订单。但是，公司围绕这笔订单，投进去的研发、人员、运营等成本，居然达到了 1700 万元，企业直接经济损失达到了 1000 万元。

更重要的是，按照这种打法，业绩做得越多，和公司原本的方向相背离就越远。在五名元老集体递交了辞职信之后，张东终于醒悟过来：为了一位高管，改变公司的既定战略，实在是得不偿失。

2.5 试用期监测价值实现同样重要

如果把人才如何创造价值的策略实现路径想清楚，是不是就万事大吉了？当然不是，除此之外还有一项关键工作，那就是第三层：价值实现监测层。用大白话说，就是设计好试用期的 KPI 指标达成情况。

茂诺咨询公司曾经辅导过一家美容连锁企业，其 CEO 说，要招一位 HR 负责人。咨询顾问当时向 CEO 提了一个问题："6 个月后，你会如何评价这位候选人是否通过了试用期呢？"

这一下就把 CEO 给难住了，他回答道："没想过这个问题。只是感觉目前已经有了一个培训经理、一个招聘经理和一个薪酬经理，需要一个总监来管着他们。"

这位 CEO 的做法其实很具代表性。在招聘高管的时候，对于什么叫"做得好"，很多管理者并没有真正"想清楚"。往往候选人干了几个月之后，CEO 再凭着自己的"感觉"，而不是数字化的标准，决定高管的去留。这对候选人而言其实是非常不公平的。

HR 的工作当然可以量化，方法之一还是公式法。对连锁企业来说，人力资源扮演了重要的支持业务扩张的作用，除了保证人数，还要控制用人成本。

$$利润 = 店铺数 \times 店均员工数 \times 人均单产 - 招聘成本 -$$
$$培训成本 - 薪酬成本 - 其他成本$$

进一步拆分，招聘成本又可以变为：

招聘成本＝人均招聘费用 ×（扩展新增招聘数 + 流失招聘数）

那么短期来说，评估这位 HR 高管的业绩，至少可以有：到岗满编率、人均招聘费用、离职率等关键指标。它们可以作为判断候选人试用期是否通过的标准，在招聘一开始，企业就要拿出来和候选人讲清楚，而不是笼统地对候选人说："我要你帮我把人力资源部管好。"

再回到孔总的阳光教育的案例中，孔总听取了投资人的建议，迅速引入了一位商业化高手（而不是小 A 团队）做大估值。那么，孔总在接下来的时间里，也要把商业化具体做到什么程度给定义清楚，比如销售额、转化率、客单价等指标，确保价值创造真的做到位能有标准。

在试用期这个问题上，孔总又犯了个细节上的错误。他跟对方签的合同是三年，但是给出的试用期是两个月。

这里补充一个关于试用期的知识。《中华人民共和国劳动合同法》中有如下规定：

第十九条　劳动合同期限三个月以上不满一年的，试用期不得超过一个月；劳动合同期限一年以上不满三年的，试用期不得超过二个月；三年以上固定期限和无固定期限的劳动合同，试用期不得超过六个月。

对于高管而言，两个月的试用期太短了。比如，候选人一二月份入职，马上就是春节假期；三四月份之后碰上五一假期；八九月份入职，刚进来就遇到国庆假期。正想安排他做些事，双十一 CEO 自己又忙得不可开交。总之，两三个月对于高管的考察，基本上看不出来什么问题。而既然是签三年劳动合同，完全可以把试用期拉长到国家规定的六个月，确保看人准确。

不过这里还有一个小插曲。对于拉长试用期，孔总有不同意见，他说：如果把试用期拉长到六个月，我怕就招不来人了。原来，阳光教育把工资分拆成基本工资和绩效工资，新人往往完不成绩效，所以实际上试用期只能拿到 70% 的工资。这时候若是采用把试用期拉长，自然让候选人心中不爽。

那么，如果候选人试用期间出不了业绩该怎么办？

其实，我们要明白，管理讲究"一码归一码"。之所以拉长试用期，是为了更好地考察候选人。如果候选人试用期间表现不佳，省下来那 30% 的绩效工资，又有什么意义呢？如果担心候选人听说试用期长而不加入，更合适的做法是可以在试用期设立一个"绩效保护期"。换言之，在试用期，候选人即使绩效没有达成，依然可以拿到 30% 绩效工资部分。但是，如果连续达不成，那么在试用期就劝退。这样做是为了让候选人一开始就拿出 100% 的全力，而不是拿 70% 的钱，出 70% 的力。因为高管进入状态需要一定的时间，所以在试用期内保护他的绩效工资，也是合理的。

如果候选人在试用期表现极其出色，那么，在三个月或者更短的时间内，提前宣布他通过试用期，也是完全可以的。因为，对于优秀的候选人，对于自己达成甚至超额完成绩效有充分信心，提前通过试用期就是一种荣誉，公司可以把他们作为团队的学习榜样进行特殊对待。

孔总在我们的辅导下，果断调整了从"人才估值"到"价值监测"的一系列方式，很快收到了成效。半年后，一位商业化高手加入团队；一年后，公司在商业化上取得质的突破，获得了著名风投基金的注资。

2.6　价值实现监测层：设立止损线

高管的判断存在一定的偶然性，尽管在接下来的章节中，我们会介绍不少面试方法，但是，看走眼也是难免的。这个时候，止损线就显得非常重要了。一般来说，止损线有两条，一条是对人止损，一条是对事止损。这也是第 1 章提到的"工程化"思维的体现：把人才管理看作一个流程型工程，定义清楚标准，并进行量化。

首先是"对人止损"。正如前面提到，如果候选人被证明无法完成试用期的 KPI 要求，那么，与其耗着，不如果断止损。

比如，有些中小企业的管理者，因为爱才，对于好不容易来的高手，即使发现其不合适，也舍不得将其劝走，甚至还帮候选人换个岗位继续试，最终候选人还是离开了。这种做法，对于本身就处在创业期的中小企业，是不可取的。（当然，我们需要具体问题具体分析，看看这位候选人不合适到底是不是换个岗位就可以解决。）

如果你真的爱才，其实更好的方法是，和对方坦诚相待，把他不胜任的地方指出来，甚至推荐他到别的更适合的地方去，但不要再投入更多的试错成本了。保持彼此的关系，等到将来条件合适了，再邀请他回来也可以。毕竟，高管拿着那么高的工资，不能创造价值，他自己待着别扭，团队其他人也会有想法。

这里还要重点说一下"对事止损"。如果说企业家们对于"对人止损"还有一定认识，对于"对事止损"往往就认识不足了。

如果在一个业务方向，换了个高手，他来后干了三个月就走了，又换了一个，又走了，这样接连换了好几茬儿，谁都做不起来，这很有可能不是人的问题，而是事的问题了。这个时候，再采用"添油战术"，继续往里头"扔高管"，起到的效果就不大了。

还有些CEO，不愿意下决心，缺少杀伐果断之心的后果就是，基层的下属人心惶惶。这条业务线换谁都做不起来，让下属继续干吧，担心士气受损；请示上级吧，CEO也说不上来下一步的安排，最终就等于逼着骨干们离开。

对于高管的对人止损，看试用期就好。那么，对于对事止损，又该怎么看呢？有两个思路，一个是时间止损，一个是财务止损。时间止损比较容易理解。比如，在这个业务方向，我们拿两年的时间去试错，如果两年内没有起色，那么，应果断停掉（当然，具体是两年还是多久，要根据你公司的实际情况）。财务止损是指类似于投资股票，你拿出多少资金放在这条业务上，亏光了，或者是亏到一定程度就割肉止损，而不是继续往里头追加投资，没完没了。

下面这份《关键人才估值自测问题清单》（见表2-1）非常适合CEO在引进高管之前，和HR坐下来做一次梳理，判断如何对关键人才进行估值和监测价值实现。

表2-1　关键人才估值自测问题清单

关键人才估值自测问题清单		
战略层	我请这个高管是用来服务于哪个使命愿景的？要达成怎样的目标？达成了以后，对公司的价值是什么？如果这个战略目标在某个期间内没有达成，最坏的后果是什么	
策略层	达成怎样的战略目标是否清晰？实现路径是否清晰？我自己能否清楚地描述目标和路径？我的业务卡点在哪里？关键人才如何帮助我突破卡点	
实现层	我会怎样去考核他的业绩？我会怎样去切割他的薪酬结构？我要怎样去围绕他搭软件、硬件来帮助他？让他试错的止损线是多久？试用期的标准是什么？我应拿出多少资金投入让他试错	

最后我们用一个完整的实例和大家展示一下，运用《关键人才估

值自测问题清单》前后，企业招聘关键人才的变化。

有滋味生鲜电商是一家 2014 年成立的移动互联网企业，专做网购生鲜品类的这个细分市场。当时，该市场在华南地区还是一片空白，抢先完成区域消费者的手机 App 安装，对用户心智空间进行占领，可以给企业建好巨大的"护城河"。

团队 2015 年的战略，就是通过 O2O 的业务手段，迅速打通线上线下生意，快速完成对华南区域市场的占领。团队成员都是互联网开发、商品采购出身，对于 O2O 的"线上"部分，也就是电商运营很在行，但是，对于"线下"部分，也就是门店拓展，就不是很清楚了。

同时，CEO 已经意识到，流量在未来只会越来越贵，所以，一个流量在线上和线下的双向流动，可以极大地摊薄获客成本。他们的业务公式如下：

$$业务收入 =（线上自然流量 + 线下自然流量 + 双线互导流量）\times$$
$$转化率 \times 客单价$$

所以不难看出，该企业的业务战略在 2015 年最大的卡点，就是开出有质量的门店验证 O2O 的业务模式。尽管企业此时已经完成了 A 轮融资，不过，CEO 对成本管控过于严格，在一开始并不愿意花钱在开店上。而且，CEO 始终认为开发、采购才是核心人才。开店这事，没啥技术含量。

于是，CEO 一开始仅仅派出了一个商品采购，去兼职做开店工作。三个月后，CEO 意识到问题有点大。开店远比想象中的复杂，不同区域的行规、租金、合同条款都不一样。有的城市上家要收转让费，有的城市沿街的原为住房的铺面不能办营业执照。有的位置，明明去看的时候人潮涌动，但是租下来之后才发现客群和企业定位完全不符合。勉强开出的几家店，别说线上线下互相导流量了，连自身的经营都出问题。

更要命的是，有滋味生鲜的核心竞争对手，已经开出了三家高质量的店铺，有滋味之前暂时领先的地位受到了严重挑战。这时候，CEO 找到我们一起坐下来，重新梳理了关键人才估值（见表 2-2）。

表 2-2　关键人才估值自测问题清单

关键人才估值自测问题清单		
战略层	我请这个高管是用来服务于哪个使命愿景的？要达成怎样的目标？达成了以后，对公司的价值是什么？如果这个战略目标在某个期间内没有达成，最坏的后果是什么	快速扩张，抢占生鲜电商第一品牌的心智空间
策略层	达成怎样的战略目标是否清晰？实现路径是否清晰？我自己能否清楚地描述目标和路径？我的业务卡点在哪里？关键人才如何帮助我突破卡点	业务收入 =（线上自然流量 + 线下自然流量 + 双线互导流量）× 转化率 × 客单价 六个月开出 40 多家门店，单店日销不低于 6000 元，线上占比大于 40%；三个月一考核
实现层	我会怎样去考核他的业绩？我会怎样去切割他的薪酬结构？我要怎样去围绕他搭软件、硬件来帮助他？让他试错的止损线是多久？试用期的标准是什么？我应拿出多少资金投入让他试错	时间：三个月，业绩完成率 40% 时间：六个月，500 万元（A 轮融资一半）业绩完成率 100%

一经整理，CEO 下定决心：开出高质量的店这件事，就是现在的关键业务卡点，这个卡点不突破，企业就上不了一个新台阶。一旦竞争对手站稳了脚跟，再发起"仰攻"，代价就太大了。同时，"价值"也没有停留在口号上，他们定义清楚了业绩考核的标准，以及对人、对事的止损线，立刻就开始开店专家的引进。

在一个月后，他们从一家鸭脖连锁企业，以外人不可理解的重金请来了一位有 20 年开店经验的选址专家。同行都觉得 CEO 疯了吧，不就是一个开店的？工资都赶得上两个程序员了。但是，CEO 此时已经把大账算清楚了。专业的就是不一样，仅用 4 个月，就超额完成了业绩指标。企业也凭借打通 O2O 模式，顺利完成了 B 轮 3000 万元的融资。

2.7　两级管理制度和人才管委会：为人才估值保驾护航

在人才估值上，CEO 容易遇到一个大难点，就是对自己直接管理的一层高管，也许还能够管过来，但是对再下级的团队管理就容易失控。具体看来，有如下三大困惑。

困惑一：不同级别的人才，应该由哪一群人在什么会议上用何种方式来定义并监测他的价值实现？大部分企业，每个月，甚至每周，都有针对业绩的会议。但是，以我们的经验来看，90% 的中小企业对人才事务，却几乎没有专门的会议。遇到"人"出事情（比如谁又离职了，哪个部门又招不到人了）之后，HR 才来找 CEO 报告。久而久之，CEO 会觉得见到 HR 就没好事，没事也不愿主动找 HR。这就形成了一个恶性循环，大家始终都在当救火队员。和"人"相关的事，"重要，但不紧急"，结局就是人的事总被无限期地拖延，最终导致人才价值的实现沦为空话。

困惑二：各级管理者，对战略、价值的理解和对用人标准的定义等，都不一样。企业如何拉齐上下认知来"达成同频"？对于高层人才，CEO 亲自引进还能说得清楚；对于中基层的人才，常常发生 CEO 和中基层员工理解脱节的情况。

困惑三：如何避免 CEO 对中下级员工的人事控制权被架空？很多 CEO 在用"人"上做了甩手掌柜，把人才引进的工作扔给了下面各级高管，结果导致自己被架空。下面是某某日化在其发展道路上，经历过的一个类似的惨痛教训。

某某日化曾经是洗发水细分市场的一股新生力量，前些年扩张得特别快，员工突然间从几百人猛增到了 2000 人。有一次，企业创始人去问零售渠道部负责人李总要一个数据，结果那个负责人不在。于是他就问李总下面的经理要，那位经理居然回答了一句："这个数据我不确定李总可不可以给你，等他回来之后我确认一下。"他当时心里就一沉，自己创业了半天，成了个被架空的"周天子"，下属的下属就不是我的下属了？但是痛心疾首之后，创始人也反思了自己在用人上的"甩手掌柜"心态。各个部门招来的中层，他从来不闻不问，既不参与面试，也不参与考评。很多中层，他连名字都叫不上来。

这里，我们要介绍两个非常重要的管理工具，那就是"两级管理制度"和基于此的"人才管委会"，看看这两个工具是如何化解上面提到的三个困惑的。

首先是"两级管理制度"。一方面，CEO 希望管得越细越好，问题是 CEO 的精力是有限的，而管理的细节是无限的，因此不建议 CEO 跨三级以上进行管理。另一方面，若 CEO 只是管着直接向自己汇报的这一层高管，则又似乎管得太少了，很容易就会被架空。

基于实践经验，我们发现"两级管理"是中小企业 CEO 管理精力和管理效果的一个最好的平衡。我们可以把一家企业的团队成员概括为核心层、高管层、中层和基层。其中核心层包括 CEO、联合创始人等；高管层包括各一级部门负责人；中层，即各个子团队的负责人；剩下的都是基层。那么，作为企业 CEO 只需要负责好高管层和中层的人才引进（选、用、留、育）就可以了。同样道理，CEO 必须要求高管们能够为中层和基层员工的选、用、留、育负责。对每一级员工的管理，直接经理只有人事上的建议权，直接经理的上级才有决定权。这也可以在很大程度上，避免了直接经理"护犊子"，或者是刻意打压某位下属等类似情况的发生。这样，人才体系搭建，就不单单是 HR 的事，也不是 CEO 一个人的事，而是整个公司管理团队的事，如图 2-1 所示。

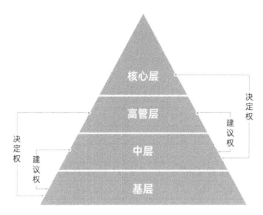

图 2-1 两级管理制度示意图

其次是人才管委会，它是一个基于两级管理制度的人才管理平台。例如，核心层的 CEO 和联合创始人、高管层的各一级部门负责人，就可以成立公司级别的中层人才管委会，处理中层员工人才事务。各一级部门负责人可以和 HRBP（Human Resource Business Partner，人力资源业务合作伙伴）成立各自的部门基层人才管委会，处理基层员工的人才事务。甚至，在有些上规模的企业中，同一类人才分散在不同的部门，它们会针对跨部门的人才成立专业人才管委会，比如技术人才管委会、财务人才管委会，等等。总之，按照两级管理制度的架构可以既高效又低成本地做好人才事务，履行好人才管理的责任。

人才管委会具体是怎么运作的呢？

和"救火队员式"的被动管理方式不同，人才管委会要求各级管理者"要事优先"和"主动出击"。一般要求每月召开一次会议，每次时间在3小时左右，所有相关的管委会成员都参加。会议上要围绕人才估值三层面的工作做出决议：到底引入哪些人才来达成什么战略价值创造，价值实现策略的路径是否合理，人才引入后如何监测其实现价值。除此之外，本书接下来的章节里将提到的人才盘点、人才画像等议题，也都可以放到这个会议上来讨论。表2-3是一份典型的企业层面的"人才管委会会议议程"。

表2-3 人才管委会会议议程

会议内容	会议发起人	频率
各部门编制计划及招聘情况回顾	HR	每月
上月绩效达成情况一览	HR	每月
重要人事制度、任免通知颁布	总裁办 / 总经办	每月
《关键人才招聘估值自测清单》	招聘方	每月
人才盘点	总裁办 / 总经办	每季度
培训计划设计和回顾	HR 和业务方	每季度
各部门关键人力资源指标回顾	HR	每季度
人事制度设计和回顾	HR	年度

这个会议是一个重要的"管理阵地"，可以有效解决上文提到的三个困惑，企业管理者一定要高度重视。困惑一提到的"什么级别为什么级别的人才估值负责"，可以在人才管委会上确定下来。困惑二提到的"缺少认知同频"的拉齐机会，很多有经验的CEO是这么做的：当他们要引进、开除或晋升一个中层管理者时，哪怕心中已经想得明明

白白了，也要拿到这个会议上讨论。目的不是听取大家的经验，而是借这样的会议机会，帮助高管们和自己做到"认知同频"。困惑三提到的"CEO 被架空"，很多 CEO 对中层的表现不了解，只能靠高层来"传话"，究其原因在于没有参与到每个中层管理者的月度绩效分析。而参加人才管委会就是一个非常好的机会，可以帮助 CEO 对中层的表现有更多了解。

总之，有了"两级管理制度"和"人才管委会"，各级**人才估值的三个层面**（**战略价值创造层、价值实现策略层、价值实现监测层**）就有了相应的管理抓手了。

2.8　编制计算：把人才估值结果变成编制预算

在正式开始进行某个岗位的招聘之前，人才管委会还有一个重要的工作，那就是计算编制预算。企业的中层管理者天然有扩大队伍的冲动："反正招来的人又不是花我的钱，我的下属越多，我的市场行情就越好，将来跳槽或者和企业谈加薪，我的本钱就越多。"结合我们在第 1 章提到的"精兵原则"，人才管委会可以说是守好这个关的最后一道防线。那么，一个团队到底应该配多少人呢？怎么计算一个相对合理的编制呢？中小企业不太可能像大企业去购买专业的咨询报告，有以下几种"土方法"可供人才管委会决策时参考[⊖]。

第一种叫工作量测量法。这是最直观的人才配比方式：有多少事就配多少人。这要求人力资源部和业务部门一起走入基层，认认真真地去实地观察员工的操作环节，来判断工作量。可以参考以下这份

⊖　资料来源于汤君健在得到 App 上的课程《给中层的管理课 30 讲》。

《工作量调查表》（见表2-4），对具体部门的工作量从日、周、季度、年，以及阶段性和临时性的维度进行统计分析。这种方法比较适合重复性、操作性强的岗位，例如仓储、物流、保洁、保安、车间、销售代表等，这些岗位上员工的工作量相对容易被量化。这样做还有一个好处是可以做内部对标，借这个项目把优秀员工的岗位标杆立起来，从而给其他员工和团队带去竞争压力。

表 2-4　工作量调查表

部门		岗位名称			姓名	
日常性工作		工作内容			工 作 时 间（小时）	
		1.				
		2.				
		3.				
		……				
阶段性工作	工作内容	发生周期及工作时间（天）				
		天 / 周	天 / 月	天 / 季度	天 / 年	小计（天）
	1.					
	2.					
	3.					
	……					
临时性工作	工作内容	发生周期及工作时间（天）				
		天 / 周	天 / 月	天 / 季度	天 / 年	小计（天）
	1.					
	2.					
	3.					
	……					
临时性工作						
部门领导审核意见：						
公司领导审核意见：						

我们曾经服务过一家销售公司,它们以地面推广的模式拓展和线下零售店铺的合作。销售团队的城市经理们总是抱怨每个城市的销售人员不够,导致业绩完不成。在和几十位销售代表一起工作之后,我们发现销售人员的工作量有很大的弹性空间。优秀的业务代表在保证成功率的情况下,一天可以拜访 8 家客户,而效率低下的则只能拜访 5 家。再进一步调研发现,优秀的业务代表在路线设计、拜访话术、拜访前物料准备方面都比普通员工有更高的效率。我们借此萃取了优秀员工的工作方法,把每天拜访客户前、拜访客户时、拜访完成后分别要做什么动作和花多久时间形成标准化文件编辑成册后,给所有销售人员全员推广,让大家落实,最终实现整个销售团队季度 30% 的业绩提升。

第二种叫比例对标法。比例对标法是指,找外部成熟企业岗位的比例标杆进行对标,从而推算出人员编制。比如,华为的管理干部和员工人数比是 1 : 15,那么,对于管理制度较薄弱的中小企业,可以用 1 : 10 到 1 : 15 作为自己当前的阶段性目标区间,从而算出管理干部的编制。又如,技术团队开发和测试的比例通常是 4 : 1,1 个 HRBP 支持 200 名员工等。这种方法比较适合偏管理、知识服务型的团队计算编制,因为这类团队的工作很难用时间进行测算,而这些比例是通过大量的管理实践打磨出来的,直接对标就好。

第三种叫人效法。这种方法简单易行,就是把总产出除以人数,得到的比值要控制在一定范围内。例如,销售部去年业绩 2000 万元,10 个人,人均单产 200 万元。今年人均单产必须提高到 250 万元,业绩目标是 5000 万元,那么团队编制就定在 20 人。

对于编制的批准，一般由用人方和人力资源部发起，最后交由人才管委会批准生效，确保公司的扩张有序、可控。

▪ 本章小结

本章是人才工程的第一个环节"估值"，中小企业要抓好人才估值的三个方面，一是战略价值创造层，二是价值实现路径层，三是价值实现监测层。在战略价值创造层，中小企业要建立"人才估值＝创造价值大小－薪资成本"的人才估值观；在价值实现路径层，可以通过价值公式寻找"业务卡点"，从而定义关键人才；在价值实现监测层，通过设立止损线，确保候选人能够有效创造价值。在工具上，可以使用《关键人才估值自测问题清单》对在聘高管岗位进行评估；在管理制度上，可以通过建立人才管委会和两级管理制度，抓好编制管理，加强对在招岗位的管理。

最后，是关于"人才估值"部分的行动计划清单（见表 2-5）。

表 2-5　"人才估值"行动计划清单

项目名称	描述	建议负责人	落地时间表
估值练习	对在招的一个高管岗位，填写《关键人才估值自测问题清单》	CEO	
人才管委会	组织召开第一次人才管委会	CEO	

布 / 局 / 篇　　**人才全景图一览**

3.1　人才除了外部招聘，还有哪些来源

　　现代人力资源之父戴维·尤里奇曾提出过关于组织能力的 6B 诊断模型（见图 3-1）[○]。这是一个非常经典的组织分析框架，能够帮助我们全景式地扫描企业的人才结构。

　　本章我们将依次从以上 6 个 B 来梳理企业内部人才框架如何建立。第一步是招聘，在我们深入探讨具体的招聘技术之前，应该先分析一下：人才在哪里？到底什么样的人才适用于什么样的策略？我们还是先从一个案例说起。

　　○　The RBL Group 官网：www.hrtransformation.com。

图 3-1 组织能力的 6B 诊断模型

岩石保健品公司（以下简称岩石保健品）是一家自创业以来有 6 年历史的中小企业，业务模式以外向型企业福利团购销售为主。销售部由一名销售总监领导，麾下 8 位销售经理，每位经理各带 10 来位销售主管。同时，它有一个小而精的市场部，市场部只有一位传统日化品牌出身的市场总监在负责新媒体运营。企业目前遇到了很大的流量增长瓶颈，大量的投放集中到了市场总监不熟悉的新媒体领域。销售员们在流量有限的情况下，打不开局面，销售总监也提出了离职。

在图 1-1 里，我们分析过，这两类业务，显然都属于核心的流程模块，是不能外包或者找外部力量做的。

现在的局面是，销售部缺一个总监，市场部有总监，但缺新媒体运营的能力。岩石保健品的 CEO 丁总是这么看这个问题的：销售部内部有一名销售经理小 M 在企业工作 5 年了，她年年都是销售冠军。她自己也有强烈的晋升的想法，干脆内部提拔她得了。市场总监缺少新媒体运营经验，应该把他替换掉，从外面招一个新的总监过来。结果，经过这么一通操作，问题来了：

第一，销售部方面。

（1）销售部的小 M 在做销售经理的时候，基本上可以独当一面。那些销售主管更多像是给她打下手的助理，而非一支销售团队。比如，帮她跟进合同、打陌生拜访电话。但是，岩石保健品并没有完善的人才培养机制，团队后继无人——小 M 晋升到总监岗位后，首先出现问题的就是她自己的工作交出去后，下面的助理接不住，原有的大客户纷纷流失。

（2）小 M 自己又没有锻炼管理方面的能力，面对总监岗位上的复杂情况，手忙脚乱。她在人才培养、系统搭建方面毫无建树，依然是自己冲在业务第一线。团队内耗严重，业绩大幅下滑。

（3）最终，小 M 在试错了三个月后，黯然离职。

第二，市场部方面。

（1）新媒体投放在当时是非常新的一个业务渠道，从业人员基本上以 3 年以内的较浅资历员工为主，根本招不到所谓的总监级别。

（2）企业原有的投放业务预算在每年 500 万元左右，CEO 也不太敢把这些钱交给资历浅的员工去支配使用。

（3）谁也不知道下一步媒体投放的方向会往什么地方走，万一又变了，难道再招一个市场总监吗？

岩石保健品销售部和市场部的用人困局，如果透过表面看背后的逻辑，我们会发现，实质上是因为内外部人才成长机制、环境的不同，导致的选择不同（见图 3-2）。

在第一象限，如果公司内部人才培养机制很成熟，同时外部行业人才环境也很成熟，那么，选择一条人才自我培养（Build）、淘汰（Bounce）、留任（Bind）、晋升（Bound）的路是合理的。就好比传统大企业的销售部门、电商企业的运营部门，或者是中小企业中低管理岗位。这些岗位如果靠外部招聘，会给团队传递一个非常负面的信号：公司内部没有成长空间。

图 3-2　人才选择矩阵

但是，如果公司外部很成熟，而公司内部缺乏成熟的培养机制，也就是第二象限，这时候直接招聘或者使用外脑是更加合理的选择。就拿岩石保健品来说，销售总监岗位是一个典型的外部很成熟（市场上销售总监的候选人是非常常见的），但是内部并不成熟（岩石保健品并没有人才盘点、人才池、管理能力培训项目等赋能机制）的岗位。这时候贸然晋升小 M，也许运气好，碰对了，那么皆大欢喜。但是，万一出现小 M 不能胜任，这时候无论对公司还是小 M，都会出现骑虎难下的局面。（关于如何进行人才盘点、建人才池，我们在 3.6 节 "晋升（Bound）：建立人才蓄水池" 继续展开。）

所以，对于第二象限，可以选择招聘（Buy）或者是外脑（Borrow）。例如岩石保健品销售部属于流程的核心业务模块，那么，应该以招聘为主。同时，对于新招来的销售总监，要对他提出人才培养的要求，把小 M 等储备干部的成长放进新总监的工作 KPI（而不仅仅是销售目标的达成）。

但是，市场部的情况又不同，它处于第三象限。新媒体投放是一个外部不成熟、内部更不成熟的领域。这个风口刚刚出现，外部还来不及像销售总监岗位那样有大量的成熟候选人出现，而公司内部则更不用说了，完全缺乏这方面的能力储备。这时候，贸然换掉市场总监并不是一个好的选择。一方面风口会继续变，另一方面，市场总监除了这个具体的渠道工作，还有大量的类似于预算分配、品牌建设等的任务。所以，比较合适的做法是在外部招一个熟悉新媒体的新人作为市场总监的助手，进行人才的"高低搭配"。新人教市场总监怎么玩新媒体，市场总监辅导新人如何进行品牌建设。

最后，如果企业发展到一定阶段，内部成熟度高，甚至超过了外部行业，那么就可以进行反向输出了（第四象限）。例如阿里的淘宝大学早就走在了电子商务的最前沿，它可以输出方法论，去培养生态里的其他企业。这是大企业的玩法，这里就不再展开了。

3.2　招聘人才的渠道一览

对中小企业而言，招不到人是一个常态，很多岗位常年空缺也不是新鲜事。如果已经确定要从外部引进人才突破战略卡点，但是因为招聘这个战术层面出了问题就非常可惜。其实，招聘上有很多的细节是可以通过一系列方法提高效率的，我们可以用公式来描述招聘这条业务流：

$$入职人数 = 简历数 × 简历匹配率 × 面试通过率 × 入职成功率$$

那么，要提高最终的入职人数，在面试通过率上不妥协、不考虑因为薪资等影响入职成功率的情况下，有两个因子可以提高入职人数，分别是增加收到的简历数和提高简历匹配率。但是，很多企业在外部招聘渠道上选择过于单一，以网站发招聘信息"守株待兔"为主。真正的人才、高手，往往是不会主动把自己的简历挂到网站上的——他们甚至连换工作的动力都不是很足。中小企业要想在人才上取得突破，必须要学会多管齐下、主动出击。一方面大幅增加简历数，另一方面提高简历匹配率和入职成功率。表3-1是我们对招聘全渠道的优劣势梳理。

表 3-1　招聘全渠道优势梳理

渠道	效果	价格	简历数与入职人数之比（经验数据）
收购	极快，后遗症极大	极贵	5∶1
广告	影响力大，但不精准	贵	无穷大∶1
猎头	省时间、适合招高管	贵	5∶1
校园招聘	较快，但培养慢	较贵	300∶1
网站收简历	慢，适合招初级员工	一般	300∶1
招聘经理打电话	慢，适合招中级员工	一般	100∶1
CEO参与论坛等宣讲活动	花时间，影响力大	极低	无穷大∶1
内部推荐	适合提升团队信任度，但要注意利益冲突	极低	5∶1
其他利益相关方推荐（投资人、顾问、供应商、客户）	高信任度，花时间	极低	3∶1

（1）收购。

收购并不是大企业专属的武器，对于和自己业务高度互补的团队，中小企业完全可以采用收购的方式，实现1+1大于2。（例如第2章提到的阳光教育，完全可以采用收购"小A团队"的方式，快速实现估值提升的战略目标。）这种策略的好处是，速度极快，马上就可以构建组织能力，缺点在于价格高，而且容易导致团队动荡。一般而言，半年内被收购团队中超过 80% 的员工都有离职的可能性。很大原因来自两个方面：一方面，被收购的团队负责人不稳定，会导致下面的人员军心不稳——他们是因为以前的管理者而加入的，而不是因为你们企业的使命愿景而加入的；另一方面，不稳定性来自两个团队之间文化、价值观的差异和工作习惯的不同，这种不同会带来误会和额外的沟通成本，很容易形成两个"小山头"。

所以，作为 CEO，除了面试被收购团队的负责人，还要对负责人下面的骨干进行面试，一来，如果发现不合适的员工及时劝退；二来，传递一个信号：你们是我招进来的，而不是跟着前一位老板被整体收购过来的。同时，可以在两个团队互派工作组，这样你中有我，我中有你，加速双方的融合。

（2）通过投放招聘广告获得候选人。

这种做法相对传统，好处是可以提升企业雇主品牌、知名度、影响力。这种方式虽然极大地增加了面试简历数，但匹配度精准却不高，价格也相对昂贵，只比较适合"财大气粗"的中大型企业。

（3）通过猎头招人。

这种方式省时间、匹配精准度是所有方式中最高的，特别适合招高管，一般来说猎头招来的人能有 1/5 入职成功。因此猎头是特别适合中小企业使用的招聘渠道，关于如何使用好猎头，我们将在接下来一节专门具体展开陈述。

（4）校园招聘。

校园招聘是一个长期的人才工程，好处在于可以按照企业自己的想法，从"白纸一张"开始塑造人才。一旦形成稳定的供应链，能够源源不断地提供优秀人才。现在越来越多企业学习宝洁、华为、阿里等大企业，推出了管培生计划，吸引优秀的大学生加入。但是，如果企业自己没有完善的人才培养机制，只是为了低成本"圈人"，则不要轻易启动校园招聘。要知道，一届一届的大学生之间，对企业的口碑是会"口耳相传"的。一旦一届新员工没有培养出来，该企业在相应学校就有可能受到从老师到学生的集体抵制。而且，毕业生虽然有"白纸一张"、成本较低这些好处，但是，他们的不足之处也是明显的。由于缺乏职场经验，抗压能力相对差，他们对培养体系的依赖度是很高的。

所以，判断企业适不适合走校园招聘自己培养这条路，一个重要的依据就是：现有的员工培训体系是否已经搭建完成，是否已经培养过一批基层员工。如果答案是否定的，建议先建设好员工培训体系。

值得提醒的是，如果中小企业确定了走校园招聘这条路，那么可以先从用好在校实习生作为一个起点。实习生转正是校招生源的重要来源，他们在企业工作了一段时间，对企业有了感性的认识，在招聘时接受 Offer 的可能性会大幅提升。不过要注意的是，很多企业只是把实习生当作"廉价劳动力"，上来就把正式员工的日常工作扔给他们（而且往往还是最琐碎繁杂的部分）——这样只会起到"劝退"的作用。正确的做法是，在给实习生布置日常工作的同时，可以给他们安排一些小课题，在实习期结束时，管理层抽出一些时间听听他们的课题报告。这样就好比利用实习制造了一个"蜜月期"：学生在体验工作的同时，自我能力得到了提升，企业在用工的同时，展示了自己美好的一面，最终提升实习生转正的效率。

（5）网站收简历，这是一种传统的招聘方式，适合招初级员工。这里不再展开。

（6）招聘经理打电话，也是传统的招聘方式，适合招初级员工。这里不再展开。

（7）CEO 参与论坛等宣讲活动。

此种方式成本低，特别适合刚刚起步的企业用于快速扩大影响力。如果是一些专业的展会、论坛等，对候选人的筛选还算相对精准，但是比较消耗创始人的时间。

（8）内部推荐。

这是被大多数中小企业忽视的一个重要的招聘渠道。一些优秀的企业内部推荐率（通过内部员工推荐而来的员工占总员工比例）可以达到 20%。这是因为员工内部推荐至少有以下三大好处：①成本极低，比起猎头动辄 25% 年薪的服务费，员工内部推荐奖励金额普遍不是那么高；②简历匹配度高，推荐人对工作和候选人两方都有充分的了解；③对推荐者自身的忠诚度是一个加成，推荐人既然推荐了自己的朋友来企业工作，一定是出于对企业的信任。反过来，把朋友带进企业，自己离职的可能性也会降低，否则在朋友面前也不好交代。

但是，在不少中小企业中，内推率连 5% 都达不到。究其原因有三：①奖励过低，员工没动力内推。不要说看齐猎头收取的 25% 年薪的服务费了（相当于候选人三个月的工资），很多企业连送个礼物都吝啬。员工推荐朋友加入企业，那是出于对企业绝对的信任和忠诚，企业不能辜负了这份信任。我们的建议是，在企业内推率低于 5% 的时候，可以大胆地把推荐奖金提高到候选人一个月的工资。甚至只要入职，哪怕没过试用期都可以给，就是为了把这个内部推荐的氛围营造起来。②企业担心形成山头主义，不鼓励内推。这一点在内推率低于20%的情况下完全没必要担心——此时用人的主要矛盾不是人太多有山头，而是人太少。如果实在有这样的顾虑，也可以试一下推荐后错开部门使用，避开嫌疑。③管理层没有以身作则。对于基层员工，给推荐奖金是合理的，但是对于管理层，向企业推荐人才就是一种责任。所以，不但高管内推没有奖金，如果长期没有给企业推荐人才的高管，还应该扣除组织发展方面 KPI 上的奖金。

（9）其他利益相关方推荐。

例如投资人、股东、供应商、客户、老乡会、离职员工校友会，等等，都是可以拓展招聘渠道的资源，这里不再赘述。

在企业内部，应当建立起渠道跟踪数据漏斗，从简历到入职进行数字化管理，找到最适合自己的招聘渠道（见表 3-2）。

表 3-2　招聘渠道数据漏斗

渠道	收到简历数	面试人数	通过面试人数	入职人数	通过试用期人数	渠道招聘费用	人均招聘费用
猎头							
校园招聘							
招聘网站							
内部推荐							

3.3　招聘（Buy）：猎头的正确合作方式

猎头如今已经是一个非常传统的招人渠道，但是很多中小企业对猎头的合作方式还比较陌生。猎头顾问有大量的相关行业候选人信息，比起企业自己"守株待兔"的招人模式，能够更加快速、精准地定义人才。关于猎头的使用，有如下几大常见误区。

（1）企业只用一家猎头。猎头的收费模式一般都是"为结果付费"，换而言之，只有等到候选人入职通过试用期后，才收取年薪 25% 左右的服务费用。所以，正确的做法是：**企业完全可以大胆同时使用多个甚至十余个猎头，扩大搜索面，提高猎聘效率。**

（2）把笼统的需求扔给猎头。不少企业给猎头的招聘需求是这样的："我们要招一位财务总监。"然后就没有了下文了。为什么在这个阶段要从财务经理升级到财务总监？他来主要解决的问题是什么？创造什么价值？是偏重现金管理，还是注重成本控制？**正确的做法是，在和猎头沟通前，就应该完成第 2 章里的《关键人才估值自测问题清单》，让猎头清楚地知道**企业到底要招什么样的人，来解决什么样的问题，为企业创造怎样的价值。

（3）只在自己的行业看人。不少 CEO 误以为猎头只能在本行业去招人，误以为相关行业经验起不到决定性的作用，其实不然。对高手而言，行业经验仅仅是他成长的一部分，就算没有直接相关的行业经验，一个优秀的高手也可以通过快速学习来弥补。越是级别高的人，行业经验、知识、技能所占他职场价值的比重就越小。再说，行业里的头部企业就那么几家，如此局限选择范围，你看得上的来自头部企业的候选人未必看得上你的企业；反之亦然。**如果你所在的行业，正处在发展的高速阶段，在景气周期，完全可以跨行业看人才，甚至有可能"捡漏"跨行业（在不景气周期）的高手。**

例如，2020 年的新冠疫情对航空、旅游等行业带来了致命打击，不少家政、物业等服务企业因此引入了一批空乘，这在往年是不可想象的。

（4）双方对接层级太低。有些中小企业仅仅是把猎头当作自己的诸多乙方之一，只是派出自己的招聘经理和对方的猎头顾问简单对接。但招聘经理真的能够把企业的使命、愿景、价值观和战略向猎头讲清楚吗？如果猎头都不能清晰地认知并且认可企业，他再去招来的人，又能怎样保证是冲着企业的发展来，而不是冲着钱来的呢？

所以，如果我们真的把人才当作企业的资产，就应该把猎头当作"投资人"一样对待。把他们的合伙人以及对接的顾问请到企业来，一边参观，一边讲解企业的情况，用企业的使命、愿景说动他们，让他们用人才来给你的企业"投资"。

反过来，你也要考察猎头，不是所有的猎头公司都适合中小企业。比如，猎头公司如果有超过 50 名顾问，已经是大规模的企业了，他们未必看得上你的企业十几万元的"小单子"。再比如，一家猎头公司仅有 3～4 名顾问，那么在候选人储备上也有可能不足。一般而言，20 人以内的猎头公司是比较适合中小企业使用的。

3.4　外脑（Borrow）：把人才储备在企业外

人才除了招聘花钱买进企业，还可以借外部的力量，通常有两种方式。一种是对于我们前面提到的一些"独立的核心业务"，可以通过使用外部合作伙伴的方式进行。比如，战略规划的工作交给战略咨询公司、人才招聘的工作交给猎头公司、人才管理的工作交给管理咨询公司。

在这里，我重点说一下另外一种"外脑"的使用方式：用顾问的方式，把人才储备在企业外。

人才并不是只有到了企业全职工作才算数，对于一些优秀的高手，如果他们一时无法加入，其实还有很多其他的合作方式，让他们做企业管理顾问就是其中一种。这样做的好处有如下两点。

（1）大幅降低企业的用人成本，避免人才"高消费"。比如，就拿我们第 1 章中的那个案例，飞鱼国际希望招人力资源高管来解决一些人力资源规划的工作。按照孙总的描述，具备这样资质的 HR 年薪普遍在 300 万元以上，显然是这样规模的中小企业无法承担的。但是，实际上孙总当下需要的是一些人力资源战略规划性的工作，没有必要让一个那么资深的 HR 全职来做。这时候，可以试着请一些人力资源方面的高手作为企业的顾问，短期内完成一些给定人力资源项目的战略规划即可。

（2）此类咨询项目其实是一个人才和企业的双选过程。顾问通过兼职的方式，深入了解企业的实际经营情况，对于企业有了进一步的了解，对于其他高管有了"交情"；企业对这位顾问到底有没有真水平也有了进一步的考察。等到企业发展上了一个台阶，雇得起这位"贵"人之后再谈聘用，此时候选人在企业身上已经有了不少的时间精力和情感的投入，进而说服难度会降低很多。

3.5　培养（Build）：训战结合，以战"养"兵

引入人才固然能够在某些"点"上带来业绩的突破。但是，如果要在"面"上带来改变，培训依然是一个重要的环节。

中小企业的培训不能照搬大企业的那种动辄三年、五年一个培养周期的"从容"做法——从沟通技巧、Office 工具到商务礼仪、领导力，从基层到高层全覆盖。因为前文已多次经谈到，中小企业没有那么多

"奢侈"的时间和资源，所以选人要比育人更重要。但是，这并不意味着育人就可以不用做了。否则就算引入了人才，也会因为知识、技能和能力的过时，而成为"一次性人才"。中小企业在培训上要抓重点，用最高效的方式有针对性地进行人才培养。在表3-3中，我们根据人才类别和能力类别把培养方式分为四种，可以清楚地看到，对不同类别相对有效的人才培养方式都是什么。

表3-3　差异化人才培养方式

	知识技能类	通用能力类
公司独有	内训师制度	和外脑共创
行业通用	基于学习地图的训战结合	线上课程低成本解决方案

行业通用的员工通用能力，例如沟通技巧、团队合作、分析判断等，不会因为公司的不同而变化（行业通用）。同时，它们又是属于知识技能以外，重要但不紧急的能力，企业自己在这些能力解读上并不专业。中小企业要想让员工提升这种类型的能力，最适合采用线上课程的低成本解决方案。例如在得到App上，就有一系列职场能力提升课程，便宜的才19.9元，贵的也不过百来元，非常适合中小企业集体学习。

如果是通用能力，但又是公司独有的，比较适合的方式是和外脑共创。例如，团队干部的领导力模型就是一个代表性的例子。领导力在各个企业都有所不同，如果照搬华为、宝洁的领导力模型到你的企业，就很可能就会水土不服。同时，它也是属于通用能力，中小企业往往自己没有提炼它的技术。这个时候，请专业的管理咨询公司和管理层一起提炼、萃取属于自己的干部选拔模型就非常有必要。而且借着这个项目，拉齐管理团队对优秀干部标准的认知和理解，也可以有效地提升团队的管理水平。类似的还有企业文化价值观萃取等，都可以借着和外脑共创，回过来提升内部的认知和理解水平。

如果是行业通用，同时又是专业的知识技能，就要做基于关键任务的训战结合。例如销售技巧、电商运营能力、谈判技巧等，它们往往没有太强的企业属性，只有行业属性（比如大客户销售和零售销售不同，但同样是大客户销售，而销售技巧通用）。同时，它们和能力这种冰山下面的技能有所不同，企业有大量的显性的运用场景，而且直接和业绩挂钩。企业要把员工成长路线上的关键任务定义清楚，工作要求什么，企业就培养什么。

在《华为训战》这本书中，作者庞涛提到了华为大学和华为零售部培养门店零售人才的一个有趣的例子：接管门店 3 小时。2018 年底，华为正式决定加快全品类、全场景产品拓展。全品类销售破局，体验店是重要战场，店长助理成为承上启下的关键人群。对于他们的训练，如何在传统的案例演练和角色扮演的基础上再进一步，更加贴近实战呢？华大与华为零售培训部大胆创新，设计了"接管门店 3 小时"的全真实战演练。每个小组接管一家真实体验门店，门店原有人员在这 3 小时里完全撤场，顾客接待和经营业绩由演练小组全面接受负责。然后，整个集训针对门店全真实战场景进行改良，实战演练准备 3 小时、在店实战 3 小时、实战复盘 4 小时依次排开。实战围绕两大核心模块——全品类销售和提升服务体验。课堂学习只占集训 30% 的时间，而且完全对准实战。门店是最佳实战场景，消费者是最佳的真实挑战，当堂结果是最好的学习体验。事后统计，99% 的学员认为实战演练环节收获最大，且在店实战对比上周同时段实现 50% 以上的台量增加和 54% 以上的搭售率提升。

最后，如果这些知识技能是企业独有的，那么外部聘请培训师效果就会大打折扣。因为外部人对企业实际的经营并没有充分的了解，对专业技能的掌握甚至不如企业内部人。例如海底捞的服务技术、宝洁的品牌建设方法论、得到的知识产品品控能力，等等，全行业的专家就是他们自己。这时候，企业可以搭建内训师体系，不断萃取优秀的一线经验，通过内训师进行传承和人才培养。一方面培养基层员工，另一方面，沉淀企业的知识资产。

3.6   晋升（Bound）：建立人才蓄水池

Bound 本意是弹跳，在此用来比喻人才的内部提升和转岗。如果人才都由外部引进，会对内部团队成员传递非常负面的信号：公司内部没有机会，要晋升或者谋求发展只能靠跳槽。在图 3-2 的人才选择矩阵里我们提到过，行业（企业外部）成熟、企业成长体系（企业内部）也成熟的情况下，要敢于用内部人。一般而言，对于基层管理者，企业也尽量以内部晋升为主。这样可以大幅降低招聘成本，同时提高团队的忠诚度和稳定性。那么，如何找出内部人才呢？这里要介绍两个概念：人才盘点和人才池。

人才盘点

我们回到岩石保健品的案例当中，为什么小 M 作为业绩优秀的销售冠军却无法胜任销售总监的工作呢？这是因为，销售总监的能力要求和销售冠军是不一样的。作为销售冠军，在知识技能层面需要掌握客户信息、销售技巧等，在综合能力层面要掌握沟通能力、关系建立能力，等等。但是，作为销售总监，小 M 的工作的对象从客户变成了团队。她需要有做规划（战略规划、有效决策、信息搜集）、追结果（计划执行、分析判断、组织分配）、发展人（培养教练、绩效辅导）、驱动人（有效激励）等这些方面的综合能力。所以，在提拔人的时候，只看业绩是错误的，还要看人的潜力（晋升到下一阶段所需要的能力）。

　　但是，如果仅仅看潜力提拔人可不可以呢？当然也不行，因为这样的话无法服众，毕竟业绩指标摆在那儿，谁都看得见，潜力是不容易被看出来的。而且，如果提拔的人才没有拿得出手的业绩，他在受到来自上上下下无形的压力后，很容易做出一些短期的出业绩行为。所以，综合业绩和潜力是提拔人才的一个比较常见的组合方式，这也是人才盘点的基本原理：把业绩和潜力相对排名靠前的员工甄选出来。一个标准的人才盘点矩阵如图 3-3 所示。

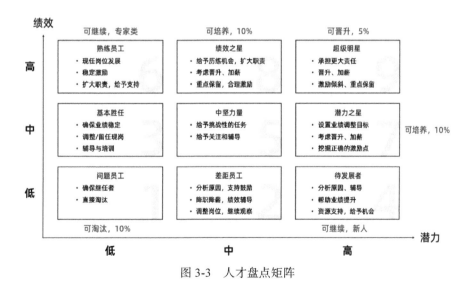

图 3-3　人才盘点矩阵

　　矩阵的纵坐标是员工在过往一年的业绩排名；横坐标是员工的潜

力评估。这样我们就可以得到一个九宫格，最右上角的三个格子（最右上的 7、8、9 号位）就是企业的高潜人才，可以进行重点培养。同理，最左下角的 1 号位就是排名相对靠后的员工。值得注意的是，排名的时候尽量做到同一级别内部进行对比。这是因为，企业对于低级别的专员和高级别的经理的工作要求本来就不一样，如果把专员和经理放到同一个池子里进行比较，天然就会对低级别的专员不公平。另外，盘点的时候，业绩归业绩盘，潜力归潜力盘，最后生成矩阵结果。而不是把人直接放到九个格子里去，避免业绩好的员工自带潜力好的"光环"。关于如何做好内部人才的选拔和盘点，我们在第 6 章还会具体介绍。

一般来说，每年进行一次人才的总盘点，由各级人才管委会牵头，进行两级的人才管理；每个季度进行一次人才排序的迭代。在盘点完成后，要对员工所在矩阵的情况进行沟通，并提出相应的培养计划。那么，有了人才盘点矩阵，是不是就可以自动把经理们变成总监呢？当然是不可能的。也许你还会好奇，小 M 作为经理，如果测评出她有一定的潜力，怎么在她还是经理的时候锻炼她的总监能力呢？答案是：人才池。

人才池

人才池是一种在岗培训储备人才的方式，通过用特定的项目，有针对性地培养候选人具备下一个阶段所需要的能力。在传统的人才提拔流程中，企业往往采用简单的"提拔—胜任—留任""提拔—不胜任—离职"这样的模式。上文提到的岩石保健品就是采用这种方式，结果就是以小 M 流失而告终，企业不仅失去了一位销售总监，还损失了一位原本的业务骨干。而人才池模式则可以做到"进可攻、退可守"，一线业务高潜人员并不是直接晋升，而是要先进入人才池。在考察期内，接受领导力培训以及项目组的历练。符合晋升标准（完成项目、满足考察时长、排名在靠前的一定的比例内）之后，再"出池"。这时候，如果发现该候选人不适合晋升，那么要求其退出人才池也不会直接导致员工的离职（见图 3-4）。

图 3-4　两种提拔人才模式对比

为什么选择项目作为人才培养的载体？这是因为，我们在实践当中发现，项目管理是一个天然的人才培养"模拟器"。以上面提到管理者需要胜任的关键任务：做规划、追结果、发展人、驱动人为例，这些关键点在项目管理当中都会体现。作为项目负责人，他需要制定项目目标，对目标和任务进行有效分配，培养项目组成员并且驱动其完成任务。这就达到了"尽管处于经理的职位，却得到总监的能力锻炼"的目的。

类似宝洁、华为的这些企业，相对来说人员储备量大，所以往往采用全职进入项目组进行历练的方式。大企业会成立专门的项目管理部门，抽调各路精英展开为期 2 ～ 3 年的轮岗。而我们比较推荐大多数中小企业采用兼职的方式，即人才池员工依然待在原有岗位上，但是额外承担一些企业级项目。这些人才池的员工，除了实线向自己的部门负责人汇报，还要虚线向项目部副总，甚至是 CEO 汇报，确保他们获得足够的关注和支持。

值得强调的是，除了向上晋升，转岗也是一种发展员工的方式。一些员工在某个岗位工作了较久时间后，容易出现职业倦怠。通过轮换工作，可以让他们产生新鲜感，重燃工作的热情。所以，一些成熟的企业还会监控员工的岗龄（在岗时间长度）。如果员工在一个岗位上干了太久，而一时又没有向上晋升的机会，那么横向发展也是一个不错的思路。这时候，与其从外面招一个不熟悉的人，不如把机会给内部既对企业认可，同时自己也有跨领域发展需求的员工。

最后，在"晋升"这里要注意的是两个重要的比率，一是要注意内部晋升员工的占比是否逐年在提升。像宝洁这样的高度重视人才培养的公司，几乎 100% 的管理者来自应届毕业的管培生。中小企业不太可能像这些成熟企业投入巨资用于人才培养，并一步到位做到所有管理者都来自内部提升。但是也应该在改善经营、发展业务的同时，逐年提高内部晋升的比例，给团队发展的希望。

二是要注意控制管理干部和员工的数量占比。据悉，华为的干部和员工比曾一度要求为 1 ∶ 15（也称为管理半径），换言之，一名干部平均要管理 15 名员工。而反观不少中小企业，一个管理者带一到两个下属的情况比比皆是，这就给企业造成了某种程度上的人才浪费。当然，对于中小企业，盲目学习华为 1 ∶ 15 也是不切实际的，因为像华为这样的企业有完善的体系和工具帮助管理者做一些日常的操作。一般来说，中小企业的管理者管理半径在 1 ∶ 10 到 1 ∶ 15 之间都是合适的。太少了，人才浪费；太多了，也管不过来。

3.7　留任（Bind）：凝聚力，人来了还要留得下

要想避免人才成为"一次性消耗品"，除了给他们培养、成长的空间，还需要提升团队凝聚力。否则就算好不容易来了一位人才，结果没两个月就离开了，给团队带来士气上的伤害、业务上的波动等影响也是很大的。那么，除了直接看主动离职率（非公司解聘、开除，而是由员工主动提出离职），还要从物质激励和非物质激励两个维度来看企业的凝聚力打造。

物质激励方面，企业应该监控人均工资福利的年增长率。企业在发展阶段，往往爱把"让员工享受到企业增长的福利"挂在嘴上，结果到了年底一算，企业今年业绩增加了 30%，人均单产增加了 15%，结果员工工资平均只加了 3%。到了第二年，还想驱动员工继续拼搏就很难了。员工会觉得企业生意越做越大，自己工资没怎么增加，活儿反而越来越多，那企业干脆别增长算了。所以，千万不要忽视人均工资增长这个细节指标，"让马跑不让马吃草"绝对行不通。在控制好总编制的同时，让员工的工资涨幅等于甚至略快于人均单产增加的比率，才算真正做到了"让员工享受到企业增长的福利"。

用来判断目前团队非物质激励凝聚力水平，有一个比较常用的调查工具是 Q12，它由著名的调查公司盖洛普发明，针对员工敬业度统计了 12 个问题，分别是：

（1）我知道企业对我的工作要求吗?

（2）我有做好我的工作所需要的材料和设备吗?

（3）在工作中，我每天都有机会做我最擅长做的事吗?

（4）在过去的 7 天里，我因工作出色而受到过表扬吗?

（5）我觉得我的主管或同事关心我的个人情况吗？

（6）企业中有人鼓励我的发展吗？

（7）在工作中，我觉得我的意见受到重视吗？

（8）企业的使命目标使我觉得我的工作重要吗？

（9）我的同事们致力于高质量的工作吗？

（10）我在企业中有一个最要好的朋友吗？

（11）在过去的 6 个月内，企业中有人和我谈及我的进步吗？

（12）过去一年里，我在工作中有机会学习和成长吗？

　　员工匿名打分时从 1 分到 5 分进行选择，1 分表示非常不认同，5 分表示非常认同。对各部门及各层级可以进行分别汇总，不难看出哪些团队对企业的敬业度更高。一般而言，如果你的团队得分低于 4 分，那么你要注意了。在引入新的人才前，最好让你的人才管委会进行凝聚力的反思和建设，找一找那些特别低的项目，有针对性地进行提升。

3.8　淘汰（Bounce）：掉队的员工怎么办

　　企业在进行 6B 人才全景扫描的时候，不能光顾着增量（引进的人），还要看存量（现有的人），更要看流失率（离开的人）。当我们在进行人才盘点的时候，九宫格里的 1 号（业绩差、潜力差）也是我们要重点关注的人群。对待"掉队的 1 号员工"，管理者往往走入两个极端：一种是模仿所谓"狼性企业"，大搞末位淘汰；另一种是对掉队 1 号员工不会、也不愿意处理。

　　有不少企业盲目模仿"狼性文化"，认为每年淘汰末尾 10% ～ 20% 的员工，有利于团队战斗力的打造。而且这些企业还能搬出好多成功案例，例如阿里、华为、宝洁、通用等中外知名企业进行末位淘汰的例子作为佐证。但问题是上面提到的这些企业，兵多将广，人才储备充足，人员的基本素质也高，流动率不大，一般主动流失率在每年 5% 左右。引入末位淘汰，是为了打破"铁饭碗"，避免吃大锅饭，激发团队活力。而中小企业和大企业处境完全不同，本来就缺人，而且团队内部的管理能力较弱。这时候再搞末位淘汰，很容易变成搞形式主义。到了年底，部门管理者临时选几个名字报上去，为了完成任务而做。

与之对应的，是很多企业走另一个极端，对掉队的 1 号员工保持"放羊"的心态，任其发展。特别是对一些高管，或者是创业老兄弟，在业绩管理方面过于宽容，导致出现"特权阶级"。他们躺在"功劳簿"上，就是不出业绩；同时也不愿意学习，并提高自己的能力、潜力。所以，企业要监控"被动离职率"（员工因表现不佳被企业解聘、开除等），如果比率太低（低于 5%），说明有吃大锅饭的嫌疑。不排除各级管理者"和稀泥"，做"老好人"。当然，另一方面如果比率过高（超过了 30%），那么说明招聘环节出了大问题，总是招来不合适的人。

对于决定该不该辞退员工，应该要看两个指标，分别是"绩效完成率"和"文化价值观考核平均得分"。前者比较容易理解，毕竟绩效完成率较差、同时能力潜力低下的 1 号员工应该逐步汰换。"文化价值观考核平均得分"是不少企业容易忽视的，尤其是对于高管层，他们本应该以身作则践行企业的价值观，如果在高管这一层没有定期（半年度、年度为宜）的价值观考核，价值观就很容易成为贴在墙上的口号。

对于中小企业的人才淘汰，我们比较推荐的做法是四句话"二十字真言"：接受跟不上、及时做沟通、建立水密舱、流失人才池。首先，心态上我们必须要接受，不是所有人都可以陪企业走到永远的。这个过程中，高管、合伙人甚至创始人掉队，都是再常见不过的事情了。管理学家余世维有一个比喻，做企业就像是发射三级火箭。随着火箭的升空，人才像燃料舱不断剥离，这样火箭才能飞得更高。所以，对于不合适的人才——可能他们在某个阶段，做出了贡献、创造了价值，但是，在新的阶段，他们不能继续和企业一起向前，我们也要做好心理准备。

"及时做沟通"是指，对于跟不上的人才，不应该干了一年到年底才做一次沟通，一沟通往往就会充满火药味。对于人才的绩效表现，在每个月通过"绩效报告"及时进行绩效沟通。绩效沟通不是简单地说：你上个月没做好，我要扣你两百元钱。而是应当明确地指出，下属们的表现是不是达成了预期，具体好在哪里、差在哪里。这样就可以有效避免人才和企业对彼此的期望误判。一些人发现自己的确不能胜任工作，也许就会提前提出离职；另外，也可以帮助人才更好地提升自己，帮助企业建立人才辅导机制。

"建立水密舱"是指，对于短期掉队的人才，依然可以再给机会，和企业一起成长。对于一些处于企业关键位置的"掉队人才"，如果出现了业绩大幅下滑、能力跟不上的明显状况，还让他继续在这个位子上，会加剧业绩和团队的动荡。"建立水密舱"原本的含义是指：一艘船的一个舱位漏水了，并不会导致这艘船沉没。把"掉队人才"放到一些影响范围小的业务上去，把他带来的可能损失减到最低。比如，岩石保健品的销售经理小M，在晋升后出现不能胜任总监的情况下，补救方法可以把她的业务分割出一个模块，比如担任新产品渠道的总监。将原有的大盘业务交给更加成熟的总监候选人。这个时候，业务盘子变小了，压力减轻了，而基本盘不会受到太大的影响。同时，给小 M 辅以教练、培训，甚至资助她去读 MBA，等等，给她一定的时间，如果能够"走出来"，又可以继续委以重任——毕竟她是多年的老员工，对企业彼此知根知底，也有很高的忠诚度。

　　最后是"流失人才池"。不少企业对离职员工的态度往往比较"冷淡"：既然你已经走了，那么就此大路朝天，各走一边。殊不知聪明的企业，对于离职的员工依然会非常重视。宝洁校友会[⊖]就是一个非常典型的例子。一开始，这只是离职同事们私人的聚会，后来宝洁官方甚至派出高管参与一年一度的校友聚会，传递来自宝洁的声音。这个圈了也慢慢超越了普通的离职员工聚会，变成了传播"母校"正能量、投融资交流、快消品行业咨询发布的平台（见图 3-5）。它对于宝洁本身的雇主品牌也有非常正面的帮助。同时，宝洁还开始积极物色一些曾经离职的、在某个领域有建树的"校友"重新加入宝洁。阿里也有类似的"二进宫制度"，欢迎离开阿里的员工再次加入等。当然，前提都是这些员工在离开的时候是主动离开，没有重大过失等。

图 3-5　2020 宝洁校友年度盛会暨成立 20 周年大会

　⊖　因为很多宝洁人将宝洁视作一所学校，所以离职后都以校友互称，对宝洁也以母校称呼。

3.9　案例：一家传统的原材料企业如何引进营销高管

鲨鱼塑胶是一家生产绝缘材料的民营企业，总部在湖北一个地级城市。在过去的 20 年时间里，这家企业一直以生产、研发绝缘材料为主。行业发展较为平稳，年增长率在 1% 左右。其塑胶产品广泛运用在变电站、电机、电厂等电力设备上。年销售规模 8 亿元左右，80%的业务来自经销商，全国排名第十。近年来随着新能源车、无人机等产业进入井喷期，塑胶产业出现了一个不小的新业务增长点。不过由于过往渠道开拓能力较差，超过 70% 的业务集中在省内。像新能源车、无人机等企业，往往都是靠大客户直营团队进行业务覆盖。因此，企业对于新产业机会一直处于"看得见，吃不着"的状态。

今年开始，鲨鱼塑胶希望进军大客户直销业务，目标是在三年后达到 20 亿元的业务营收（经销商和直营业务比 1：1），企业专门成立了营销中心。但是，企业长期以研发为导向，对于营销人才几乎没有储备，内部提拔几乎不可能。企业想花重金在行业内挖一位塑胶营销负责人，但是半年过去了，连一位候选人都没有遇到。

针对鲨鱼塑胶的实际情况，茂诺咨询公司判断此类营销人才只能通过"Buy，招聘"来解决。企业并没有内部培养和晋升的土壤，基于此，我们给出了三个建议：

（1）跨行不跨界。就塑胶这个细分行业而言，营销人才极其有限，企业不要拘泥于塑胶行业，而要把视野拓展到整个汽车、无人机配件领域。鲨鱼塑胶使用了 8 家猎头，帮助其寻找漆包线、玻璃、转子等相关领域的销售人员，一下子打开了人才的搜索面。

（2）先业务后管理。在人才引进的节奏上，不急于求成一步到位引入所谓的营销中心负责人，而是一条一条也打开业务线。比如，先引进一位从事车身玻璃销售的销售经理，把某家民营车企采购链路打通；再引入一位从事无人机行业发动机转子销售的助理，把一家知名无人机公司的采购链路打通……直到营销中心的业务线足够多，能够撑起 5 亿元的生意之后，再进行对内竞聘和对外招聘，择优提拔营销中心负责人。

（3）挨着客户建营销中心。在人才引进方面，二线的地域因素确实成了鲨鱼塑胶的"减分项"。鉴于新能源车企和无人机生产企业大部分在珠三角，鲨鱼塑胶索性把营销中心建到了深圳。密切贴近客户的同时，也让招聘的成功率大幅提升。

3.10　工具：6B 人才布局仪表盘

在理解了人才结构之后，中小企业可以使用这份《6B 人才布局仪表盘》，对自己企业的人才情况进行摸底和规划（见表 3-4）。

表 3-4　6B 人才布局仪表盘

6B	关键指标	现状	明年目标	发现目前存在的问题	计划采取的行动
Buy 招聘	编制数 / 在岗数				
	Offer 招聘完成平均天数				
	接受 Offer 率				
	试用期转正率				
	内推率				
	平均每个员工的招聘成本				
Borrow 外脑	顾问数				
	外部培训预算				
	兼职、志愿者数				

（续）

	关键指标	现状	明年目标	发现目前存在的问题	计划采取的行动
Build 培养	内部培训预算				
	人均单产				
Bound 晋升转岗	内部晋升比例				
	管理团队占比				
	内部转岗率				
Bind 留任	主动离职率				
	盖洛普敬业度调查 Q12				
	人均工资/福利涨幅				
Bounce 淘汰	被动离职率				
	绩效达成率				
	文化价值观考核平均得分				

　　表格的横行是 6B 里的一些关键指标，纵列是现状、明年目标、存在的问题和计划采取的行动。以"Buy，招聘"模块的内推率为例，比如，现状是仅有 2% 的员工是内部推荐而来。那么，可以在明年定一个"小目标"，先做到 10%。目前存在的问题是因为管理层并没有以身作则推荐小伙伴加入。同时，给予基层员工推荐的奖金过少，才 300 元，根本激励不到团队。那么，可以采取的行动就是：①把管理层推荐至少 3 名后续人来面试作为高管组织建设 KPI 的考核内容；②把基层员工推荐成功后的奖金从 300 元提高到 6000 元。如此形成一个个小项目组，每个季度人才管委会针对项目进展进行复盘。一般而言，对于中小企业，不需要把 18 个指标一下子都抓起来，而是针对 3～5 个对企业实际用人产生直接影响的指标先进行处理。

▟ 本章小结

　　本章介绍了中小企业的人才布局，从 Buy，招聘；Borrow，外脑；

Build，培养；Bound，晋升；Bind，留任；Bounce，淘汰 6 个 B 的角度，探讨了人才的来源。在招聘方面，要用好猎头、内推等多元招聘渠道；在外脑方面，借助外力"把人才囤在公司外"；通过训战结合有效培训员工；通过人才池培养高潜力员工；用 Q12 等工具监测员工敬业度；建立流失人才池，对离职的员工继续进行管理。

最后是关于本章的行动计划清单（见表 3-5）。

表 3-5 6B 行动计划清单

项目名称	描述	建议负责人	落地时间表
6B 人才布局仪表盘	选取企业人才全景图内关键的 3 ～ 5 个指标进行年度的跟踪和优化	HR	
猎头合作	CEO 重新筛选合适的猎头渠道并约见对方合伙人进行沟通	CEO	

画 / 像 / 篇　"看不准"是因为没有
"想清楚"

4.1　为什么会看人走眼："硬技能、软技能、动机、价值观"冰山模型解读

在面试中之所以会看人走眼，和不少面试官考察点不全面有很大关系。在本章的一开始，我们将用三个案例，分别说明如果缺少某个面试考察点，可能会带来哪些"误判"。

案例一：好滋味电商技术副总晓东刚刚面试了一位阿里出身的资深开发专家大飞。他问了好几个技术方面的问题，大飞都对答如流，晓东认为大飞确实是一位不可多得的技术专家。大飞在阿里、华为这些大厂都干过，绩效表现也一直非常优异。晓东对这位候选人非常满

意，交给 HR 谈完薪资之后，就安排了大飞入职。但入职仅仅两个星期，几个团队的负责人找到晓东投诉，说大飞在合作方面非常糟糕，沟通技巧极差，和几位合作伙伴都发生了争执，后果很严重。一个月后，大飞离开。

分析：专业能力之外的 "软技能" 也是考察重点。大飞在开发上的业务知识、技术这些 "硬技能" 方面无可挑剔。但是，面试人才，除了业务水平还要看业务之外的综合能力，也就是 "软技能"。之所以大飞在大厂时沟通上没表现出问题，是因为这些大企业自带合作体系，他的合作对象也以技术内部为主。但是在中小企业，没有完善的需求提报、沟通流程，更多是靠人和人之间的配合。而且大部分情况下要做跨部门沟通，因此沟通技巧这些软技能在中小企业技术人才的重要性占比更大。

案例二：大鱼服饰是一家知名的潮牌服装创业企业，CEO Peter 考虑引入一位负责市场营销的高管。年初 Peter 面试了一位来自一家化妆品 500 强企业的候选人 Sherry，她有丰富的品牌塑造、广告渠道投放经验，但是对于市场部的另外一个重要模块媒体传播领域经验较少，不过，她在市场营销人才需要具备的分析判断、战略思考等能力上都没有问题。Peter 也问了 Sherry 对于创业是怎么看的。出乎意料的是，原以为 Sherry 一直在外企工作可能对创业无感，没想到面试的时候 Sherry 表现了强烈的愿意加入创业公司的决心。Peter 原本想给出一个市场部总监的头衔给 Sherry，但奇怪的是 Sherry 一直坚持要首席营销官（Chief Marketing Officer，CMO）的头衔。虽然在媒体传播上有明显短板，但用人心切，Peter 也就不再坚持，还是以 CMO 的头衔录用了 Sherry。结果一年后 Sherry 跳槽去了一家类似规模的外资化妆品企业担任 CMO。

分析：面试要考察求职者动机。Sherry 一心想在化妆品行业发展，对于服装行业从来没有做过什么功课，也没有付出任何精力。之所以想来大鱼服饰，不过是借着这个机会从市场总监升任 CMO，为自己下一次跳槽回化妆品行业增加一些筹码罢了。而且 Sherry 对创业这件事也没有多大兴趣，面试的时候不过是挑 Peter 爱听的话说罢了。她一直在外企的工作环境内工作，对创业公司的节奏始终不是非常适应。待够了一年，拿到了一些小成绩，足以帮助她升一级并再次跳槽到另一家外企。

案例三：诸葛在一家创新创业企业做了五年的销售总监，最近他面试应聘一家零售企业大森林超市的销售副总一职。在面试中，CEO 考察了诸葛的销售技巧、沟通合作能力，并且和诸葛仔细沟通了他这次跳槽的动机。诸葛希望能够承担更大的责任，在职场上更进一步，现在大森林超市的销售部副总的岗位，可以给予他相关的管理职责，符合他的发展动机。既然专业能力、"软技能"和求职动机都非常吻合，CEO 就给诸葛发了 Offer。但是，入职后诸葛发现企业文化和价值观与自己以前的创新型企业完全不同。在以前，员工犯错是被鼓励的。而在大森林超市，工作中任何一点错误都会受到相应的惩罚。少则罚 50 元，多则取消整个月的绩效。员工向上级汇报工作必须称呼"诸葛总"，工作之外没有任何交流。而自己以前和团队则经常没大没小地开玩笑。半年后，虽然诸葛通过了试用期，但还是选择了离开。

分析：文化价值观的差异也会导致人才"空降"失败。对高管而言，业务硬技能和综合软技能早已过关，他们求职的时候对自己的动机也往往看得较为清楚了。但如果在文化价值观方面没有得到匹配，他们依然会工作起来感觉"浑身不自在"。而这种冲突，双方都觉得自己是对的，对方是错的，基本没有调和的可能性。比如，大森林超市是一家零售企业，强调执行力、服从，认为"人性本恶"。而诸葛在创新创业型企业工作了十年，早就认可创意、试错，认为"人性本善"。这种价值观的差异体现在工作中的方方面面。对高管而言，知识技能这些专业"硬技能"可以学习，"软技能"可以通过培训进行提升，但是在职场十几年甚至几十年形成的价值观的差异几乎是无法扭转的。

根据人力资源和社会保障部人事考试中心对全国 13 个省市 470 家企业的调查表明，我国企业面试考察的内容分布状况如表 4-1 所示。⊖

表 4-1　我国企业面试考察的内容分布状况

面试内容	考察比例
专业知识	75.8%
身体条件	69.6%
文化程度	69.4%
工作能力	59.3%
言谈举止	56.1%
求职动机	48.0%
工作经历	46.5%

不难看出，工作能力、求职动机这些面试当中最应该考察的项目，占比较低；而专业知识、身体条件、文化程度等这些完全可以通过笔试、体检、简历筛查等低成本方式考察的项目占比过高。甚至很多企业并没有建立一套考察标准，更多的时候是面试官拿着简历，随心所欲地问问题，想到哪里，就聊到哪里。这样的方式当然不能有效地进

⊖ 刘远我. 招聘面试：优秀面试官必读手册 [M]. 北京：电子工业出版社，2017.

行人才评估。

作为企业管理者，谁都希望自己有一双识人的慧眼，类似于乔布斯看中库克，这是令人羡慕的"伯乐识得千里马"的案例。遗憾的是，现实中，老板们看走眼的情况要远远多于看对的时候。一个候选人明明有着很好的背景，自己和他聊的时候也是相谈甚欢。开出的工资哪怕不能说是业内顶配，也绝不会亏待了候选人。但他们进来之后，企业会发现，有些候选人要么是眼高手低、不接地气，要么是水土不服、空降失败。更郁闷的是，看外人不准就算了，往往有的时候看自己内部的员工也不准，提拔一个，就流失一个。导致这种局面的很大的原因就在于，企业在面试前没有确立用人标准。这也是本章的重要内容：对用人标准进行"画像"。

经过大量的实践，**我们发现在评估一个人才的时候，除了专业知识、技术这些"硬技能"，还应包含一些综合能力，比如"软技能"、求职动机和价值观等，这些都是会对工作结果产生重大影响的重要考察点**。这就好比一座冰山，知识和技能为代表的硬技能，就是冰山上面的一小部分（见图4-1）。而冰山的大部分则在水面以下，不容易直接看到。之所以出现看人看走眼的情况，往往就是因为在面试过程中，面试官过于依赖相关行业经验、过往工作履历、技术水平甚至学历等显性因素（硬技能），对于其他隐性方面（"软技能"、求职动机和价值观）的考察失准。

如果我们把孙悟空放进冰山模型里，就可以更加容易地理解。七十二变、火眼金睛、筋斗云等，属于孙悟空的"知识和技术硬技能"。但是，孙悟空会的招式，六耳猕猴都会，为什么唐僧不带六耳猕猴去西天取经呢？那是因为他们冰山下面的部分就完全不同了。孙

悟空在 "软技能" 方面，有很强的沟通能力（能够从菩萨那儿搬来救兵）、结果导向（不消灭妖怪不罢休）、分析判断（足智多谋想各种方法）等。他之所以要去取经，动机是为了报唐僧救命之恩；在价值观上，他疾恶如仇，和唐僧一样是为了普度天下众生。那么，作为创业者的你，是不是能够有效识别出你的团队中的 "孙悟空" 和 "六耳猕猴" 呢?

图 4-1　冰山模型

对于公司关键岗位的冰山模型究竟长成什么样子，最简的单方法是邀请专业的管理咨询公司来建模。接下来，我将介绍一些方法，帮助一些希望自己建模的团队管理者快速地做一个简单版本，来尽可能清晰地描述关键岗位的冰山模型。

4.2　硬技能：岗位关键任务分析

冰山的最上层是 "硬技能"，它是指要完成一份工作所需要掌握的专业知识、技术、经验，等等。但是，CEO 对到底候选人现阶段该具备哪些知识和技术，是不清晰的。很多创业者在和我们交流时，都表现出了这方面的困惑。因为他们毕竟不是专业的 HR，没有办法用人力资源的语言去描述将引入的高管所需要的专业知识和技术，而公司的 HR，也不可能对每一个岗位到底要做什么有清晰的了解。用 CEO 仲离的话来说，他遇到了"不知道自己不知道什么"的困境。我拿他所在的海王星服饰招营销总监的故事为例，讲一讲该如何对一个高管职位进行岗位分析。

海王星服饰是一家主打年轻人潮牌的服装电商企业。在过去的 5 年时间里，企业迅速发展到了销售额 2 亿元的规模，并且完成了超过 10 亿元的融资。企业大部分业务来自线上几大平台如天猫、淘宝、京东等。今年企业的销售目标是 5 亿元，在去年 2 亿元的基础上要有非常大的提升，CEO 仲离感受到了前所未有的压力。团队目前的 2 亿元规模，完全是因为站在了潮牌服饰这个风口，同时品质对比同行有一定优势。但是企业在营销上不成体系，没有清晰的品牌定位。目前是几名刚毕业的大学生员工在进行初级的公众号编辑等自媒体传播工作。而且由于刚刚完成了 A 轮融资，账上资金充分，所以仲离打算聘用一位首席营销官（CMO），好好地把公司品牌给做起来。

但是，在引入一位来自知名服装品牌上市企业的 CMO 大春（定年薪 200 万元）之后，仲离发现情况远比自己想象的复杂。大春习惯于"高举高打"，在过往的职业生涯中，其一年操盘的营销费用都在 3000 万～ 5000 万元，甚至更多。但是在海王星，企业 B 轮总共也才融了不到 1 亿元的资金，给予市场部的营销预算基本上只能是百万元级别。同时，其做的几次花费巨大的营销活动，也并没有取得相应的效果。最后，仲离还是选择了和大春"分手"。

我们在第 1 章提到了"阶段性原则"。对于中小企业，抓住不同阶段的关键任务，是用人"事半功倍"的关键。这条原则不仅适用于人力资源岗位，对于其他岗位也同样适用。对于企业引入高管，需要回答的是请他们来解决什么关键问题。而不是因为企业账上有钱了，或者别的企业也聘用了高管，因此自己的企业也要。总之，岗位任务分析的本质就是对候选人完成阶段性的关键任务所需要掌握的技能的分析。

市场营销岗位阶段关键任务

我们可以把中小企业市场营销岗位的工作分成三大阶段，分别是：启动期、增长 I 期和增长 II 期⊖。市场营销岗位的分阶段任务详见表 4-2。

表 4-2　中小企业市场营销岗位分阶段关键任务

阶段	启动期	增长 I 期	增长 II 期
关键词	MVP 产品打磨	效果 + 内容型增长	品牌服务型增长
融资轮次	天使轮、A 轮	A 轮、B 轮	C 轮、D 轮
阶段性关键任务	1. 创造自媒体和测试社交平台内容 2. 早期核心用户社群运营 3. 对接外部 BD 4. 对接行业公关	1. 免费和付费内容营销并举 2. 策划中等规模的营销传播和活动 3. 借力外部专业机构	1. 着眼品牌长期建设 2. 完善增长策略模型 3. 策划大型整合营销 4. 公关管理 5. 用户调研
团队关键岗	内容运营 社群运营 商务 BD	营销总监 / 经理 内容团队 增长团队 私域团队 商务 BD	在增长 I 期的基础上，增加： - 营销 VP/CMO - 品牌总监 - 增长总监运营 - 用户运营 - 公关团队

启动期一般指企业从初创到拥有 1 亿元左右营业额的阶段，通常已经完成了天使轮或 A 轮的融资。这个阶段，市场营销的关键词

⊖ 根据宝洁前市场总监、百事可乐前市场总监、小红书前品牌和市场负责人、现挚灼品牌咨询公司创始人吴嘉琪老师在混沌大学"有系消费营"品牌课程内容整理而成。

是"MVP产品打磨"（MVP，Minimum Viable Product，最轻量级的可行性产品）。因为这时企业对未来的品牌调性、营销方式还有很大的不确定性，资金也非常有限，所以在这个阶段，团队最需要的是内容传播型和社群运营型人才。通过在各个社交平台上自媒体运营以及KOL（Key Opinion Leader，关键意见领袖）的内容运营，打磨出可行性高的产品，并持续维护第一批种子用户。这类人才的关键任务包括：①创作和运营重点社交平台（小红书、抖音、微信等）上的官方账号和核心KOL的内容，打磨最能与用户共鸣的产品卖点和传播角度；②在和各个平台沉淀早期核心用户的共创和运营中，把企业品牌的主张、产品的亮点等沉淀下来；③对接外部其他公司的品牌，通过联合营销讲故事，加强品牌价值传递，进行资源置换类的商务拓展；④对接行业公关，对企业使命和品牌主张进行有机宣传。在这个阶段，有内容创作能力的小编、擅长同用户打成一片的社群运营和有一定商务拓展能力的BD（Business Development，商务拓展）经理就可以胜任。

海王星服饰恰好刚刚完成了启动期的工作，一方面团队已经通过早期用户完成了品牌定位的初步打磨。另一方面随着融资到位，团队也开始有了一定的营销预算。这时候就进入了增长Ⅰ期（A轮、B轮，1亿～10亿元规模），这个阶段的关键词是"效果＋品牌型增长"。团队开始需要第二类人才：营销投放型。其关键任务是：①把增长方式从种子用户口碑传播变为主动出击"破圈"，免费和付费营销投放方式并举；②能够策划中等规模可闭环增长的营销活动，例如在阿里、京东等电商平台的联合营销，监测团队投放的投入产出比等，负责主要平台渠道的品牌营销策略制定和计划执行；③要开始对接一些专业外脑，例如品牌定位公司等——即使他自己还不是最高段位的专家，但至少也能够联合外部专业机构系统梳理创始人的品牌理念，制定品牌 DNA 手册，最终回答品牌 "我为何而来，我是谁，我要为谁提供什么独一无二的价值" 的定位问题，以及做更多的事情，比如联合营销策划公司创作创意策划案，并带领内部团队执行到位。

一旦企业进一步发展，靠买流量、投广告带来的纯效果型增长的作用开始衰退，市场的工作进入第三个阶段：增长 II 期。企业完成了 C 轮、D 轮融资，营业额突破 10 亿元，逐渐往正规化方向进化，资金也慢慢充裕起来。这个阶段的关键词是 "品牌服务型增长"，主要有五方面的关键任务：①品牌建设方面，不断完善和进化品牌 DNA 手册，并基于此整合企业所有资源，围绕品牌 DNA 手册进行价值的长期稳定传播，例如提前策划产品的 24 个月上新计划和包装 VI、店铺 SI 等视觉设计；②增长方面，通过建立和不断打磨投放效果监测体系与用户数据分析运营体系，定义增长策略模型和持续进行用户运营；③通过策划大型全网活动，和用户沟通品牌价值；④建立用户调研体系，选取正确的定性或定量分析工具，为品牌策略提供指导方向；⑤公关方面，监控并处理公司舆情、公关危机等，为品牌形象保驾护航。

再列举人力资源岗位常见任务，如表 4-3 所示。

表 4-3　中小企业人力资源岗位分阶段关键任务

阶段	窗口期	扩张期	复制期
关键词	全民皆兵	统一	赋能
融资轮次	天使轮、A 轮	B 轮、C 轮	D 轮、E 轮
阶段性关键任务	1. 招聘 2. 薪资发放 3. 入离职等事务性工作	1. 关键人才招聘 2. 薪酬设计 3. 任职资格框架 4. 企业文化建设 5. 对接外部人力资源外脑	1. 制定人力资源策略 2. 多业务部门人力资源服务 3. 内部提拔 4. 管培生项目 5. 内训体系搭建

（续）

阶段	窗口期	扩张期	复制期
团队关键岗	招聘主管 薪资专员	人力资源经理 **HRBP** 招聘团队 培训团队	HRD/HRVP 共享服务团队 业务伙伴团队 专家中心团队

要想更好地定义企业关键岗位的关键任务，中小企业的管理者可以有以下三种方法。

（1）以客户为中心出发定义关键任务。当企业无法确定关键任务是什么时，不妨回到这个岗位设立的初心、原点：我们的客户是谁？这个岗位如何为客户创造价值？客户需求的起点在哪里？客户需求满足的终点在哪里？例如，传统意义上我们理解大客户销售这个岗位，就会认为"和客户搞好关系"才是关键任务。但是不要忘了，销售部服务客户的第一站，首先是要对客户的需求进行挖掘；同理，完成回款才是销售工作的终点。

（2）借鉴同阶段的其他优秀企业的招聘介绍中的岗位描述。有的时候"抄作业"确实是一条捷径，不仅仅是同阶段的同行，处在同阶段的跨行业的标杆企业同样也能够成为直接学习的对象。建议中小企业管理者要求招聘经理到猎聘网、Boss直聘等招聘平台，下载20～30份标杆企业同岗位招聘需求，看看其他人是如何定义岗位关键任务的。

（3）在招聘中通过面试候选人再进行微调。很多时候业务机会是聊出来的，在和候选人交流的过程中，管理者完全可以根据候选人的反应，对招聘需求进行微调。

当年雷军想要寻找供应链领域的人才的时候，用了这样一个办法：他逼自己见这个行业里最厉害的 50 ~ 200 个人，但最开始雷军也并不特别懂这个领域，怎么办？在完成必要的案头工作后，核心策略是提高见人和信息消化的密度。

雷军见第一个人，把自己事先准备的问题丢给对方，消化完对方的信息后做结构化输出，再把它丢给第二个人，拿回来的信息再和之前的交叉验证，这个时候就把两个人的观点内化，接着再外化成和第三个人聊天的内容，如此反复。

当雷军跟 10 个人聊完后，他发现自己的段位在快速提升。当他聊到第 50 个人时，提升的速度到了指数级。雷军说到这个阶段，他已经可以判断对方在行业里是排前 5%、10%，还是 20% 了，当他真的见了 100 个人，他发现已经没什么可以问的了。[⊖]

4.3　硬技能：经验的价值

虽然知识和技术这种"硬技能"属于冰山的上部，容易被我们看到。但在识别知识技能的时候，要特别警惕我在第 1 章提到的"吃过猪肉"和"亲自养过猪"之间的差异。学习过相关的知识和技术，仅仅是"输入"的一种，而远没有到达"输出"的水平。亲自操作过的工作、取得的实打实的业绩，甚至指导过他人所带来的经验，才是真正有价值的。基于第 1 章提到的"工程化"原则，我们需要把到底做到什么程度的经验具体地写下来，保证用人过程中的理解和运用不走样。这里我们可以把经验分为四个层面，依次是：学过、做过、赢过、

⊖　资料来源于"搜狐号"上的文章《刘芹：良好的公司治理来源于创始人的领导力》。

教过。

"学过"是指，候选人在校学习经历和接受的相关的培训经验，一般而言，针对基层候选人往往要重点考察这个方面。它包括相应的学习时长、学习成绩、毕业院校、学历水平等。当然，需要提醒的是，虽然学历和学校排名是招聘基层员工的一个重要考量依据，但我们也要看到，对于部分特殊行业，师承更加重要。例如对于医护、手作等特别讲究师傅带徒弟的职业，候选人跟哪个老师的重要性，也许超过了毕业院校。

"做过"是指，候选人在特定的行业中、职业上，有足够的直接相关从业经验。这是因为不少职业都有专业上的细分，虽然外人看起来差不多，但是细究起来，对人才的技能要求其实是不一样的。例如销售职业，To B 销售和 To C 零售的销售工作就有很大区别。To B 销售，在销售技术上特别强调关系维护、长期客情建立、回款等长线能力，而 To C 零售，则强调破冰、逼单等短线技巧。虽然这两个岗位的销售人员都可以叫作"销售出身"，但如果没有轮转过不同的销售岗位，换岗很容易出现水土不服。例如，当 To C 的销售人员从事 To B 的销售工作时，相对来说就易倾向于短期成单，而忽视长期关系的建设，反之则同理类推。

"赢过"是指，候选人获得过成功的经验。"优秀是一种习惯"，一个习惯于成功的人，会想尽一切办法寻求下一次的成功。所以，在做人才画像的时候，要注意考察候选人的成功项目。例如，同样是招一位大客户销售总监，就不能仅仅是笼统地写"有过五年销售行业从业经验"，而是要更具体地要求其有过例如：销售渠道建设、战略客户突破等成功案例。这里有一个值得注意的点是：成功要可持续。所以，在做高管的面试考察时，最好是招聘"有在一家企业成长到高位的经历"的候选人，而不是招聘每次都通过跳槽获得晋升的候选人。这是因为，相对于在一家企业干一年就换一家跳槽晋升，保持在同一家企业成长起来是要更难的。在同一家企业如果能够持续成功，可以有效佐证候选人的可持续性。

"教过"是指，候选人具备辅导和培养他人的经验，已经能够把自己的成功案例总结成方法论并进行有效输出。在对高管岗位进行画像描述的时候，这个经验是非常重要的一道分水岭。没有实际培养过接班人的管理者，往往适合在大企业有足够充分的人才储备的情况下工作，而一旦到了中小企业要自己培养人，仅仅是见过别人怎么培养是没有用的。

4.4　软技能：可迁移的职场能力

仅凭工作经验、学历等对一个岗位进行候选人画像，容易出现前面的案例里提到好滋味电商在招聘大飞时遇到的问题：明明技术上没有问题，但却因为其他的综合素质薄弱，导致不胜任岗位。或者出现岩石保健品提拔小 M 时遇到的那样的困境，明明小 M 是业务骨干，但是不具备管理能力，提拔起来后在更高的职位上把事情搞砸。因此，在做人才画像时，我们还需要看到知识、专业技能之外的能力，也就是软技能。

软技能有一个更专业的名字，叫胜任素质（competency）。它起源于 21 世纪 50 年代初，是哈佛大学教授麦克里兰（McClelland）博士应美国国务院邀请，帮助美国国务院设计的一种能够有效地预测外交官实际工作业绩的人员选拔方法。当时美国国务院发现了一个有意思的现象：他们原先认为，做好外交官的关键因素是"智商""语言能力"等"硬技能"，所以他们专门在哈佛、耶鲁这些名校语言类专业选择外交官的人选。但是，这样选出来的外交官，有一些却造成了严重的外交事故。而一些没有所谓"名校背景"、不是所在国语言专业出身的人，却做得很好。麦克里兰经过进一步研究发现，类似于"文化理解能力""同理心"等素质，是胜任这个岗位的重要素质。

需要补充的是，广义的胜任力模型，是指要胜任一个岗位所应该具备的知识、技能、综合能力、动机和价值观等，也就是整个冰山模型。在本书中，讨论的是狭义的胜任力，我们统一称之为"软技能"，和知识、专业技能这种硬技能相对应。之所以称之为"软技能"，是因为它有"可迁移"的特点。例如，JAVA 开发技术，是不可迁移的，对于销售、财务等其他专业岗位，这个技术就发挥不了作用，所以我们管它叫"硬技能"。但是，沟通能力、团队合作、分析判断等能力，却是可以迁移的，程序员需要，销售员、会计同样需要（当然重要性在不同岗位要求会不同，有些岗位这些软技能则不是关键能力）。或者，在 A 企业由于其他制度、流程或者组织能力的弥补不需要具备这个能力，但是有可能在 B 企业同样岗位上就需要了。上一节提到的案例一中，大飞和新公司其他部门合作时总起冲突，就是他沟通技巧和团队合作这两个软技能有缺陷导致的。

茂诺咨询公司开发了一套适用于中小团队的胜任力软技能清单，分为管人和理事两大类；个人、人际、团队、目标、解难和过程六个子类（见图 4-2）。同时，针对不同的岗位，也设计了数百种软技能组合。

管人

个人	成就动机	挤压能力	敬业负责	坚持不懈	积极主动	学习能力	诚信正直
	挑战性目标	保持冷静	明确职责	信念	独立行动	爱学	言行一致
	不断改进	多任务管理	履行承诺	坚持努力	善用机会	会学	领导承诺
	驱动力	缓解压力	承担责任		主动投入	应用所学	坦诚直接

理事

	结果导向	战略规划	前瞻思维	全局观念	目标
	目标	趋势	对变化敏感	出发点	
	业绩提升	制定规划	预测	合作	
	正确投入资源	宣导	准备	调整	
	文化				

管人

人际	团队合作	口头/书面表达	人际理解	影响能力	关系建立	组织敏锐度
	互动	方式	感知	有效讨论	渠道	掌握动态
	协助	传递信息	互动	施加影响	交往	赢得支持
	团队目标优先	效果	把握"度"	赢得认同	维护	

理事

	商业意识	技术应用	决策能力	分析判断	创新能力	信息搜集	解难
	外部	技术本身	决策场景	发现问题	创新能力	信息来源	
	内部	技术运用	决策后果	处理信息	创新方法	信息判断	
	财务	科学方法	决策过程	分析问题	创新运用	信息规整	
				解决问题			

管人

团队	指挥控制	培养指导	团队激励	组织协调	领导变革
	任务分配	授权	激励	资源	接受变化
	目标设定	氛围	扫除障碍	人员	调整行为
	监督完成	辅导		过程	提前准备

理事

	成本意识	风险控制	客户/服务导向	质量导向	合规守序	计划执行	过程
	控制成本	发现风险	客户态度	注重细节	工作秩序	计划	
	增加产出	控制风险	客户需求	保证质量	法律法规	执行	
	优化流程	防范风险	客服流程	提升质量		调整	

图 4-2　胜任力软技能清单

那么，如何判断某个岗位所需的软技能呢？还是要回到关键任务本身，软技能服务于关键任务。不同的关键任务导致了背后的软技能不同。以上文提到的市场部门为例，基于不同的关键任务，我们用人背后的软技能也是不同的。比如，对于启动期，因为要进行自媒体耕耘，所以书面沟通就显得非常重要。但是在增长 II 期，有一系列体系建设的工作，因此类似于决策能力、战略规划等能力就成了考察的重点（见表 4-4）。

表 4-4　中小企业市场营销岗位分阶段软技能列表

阶段	启动期	增长 I 期	增长 II 期
关键词	MVP 产品打磨	效果＋内容型增长	品牌服务型增长
融资轮次	天使轮、A 轮	A 轮、B 轮	C 轮、D 轮
阶段性关键任务	1. 创造自媒体和测试社交平台内容 2. 早期核心用户社群运营 3. 对接外部 BD 4. 对接行业公关	1. 免费和付费内容营销并举 2. 策划中等规模的营销传播和活动 3. 借力外部专业机构	1. 着眼品牌长期建设 2. 完善增长策略模型 3. 策划大型整合营销 4. 公关管理 5. 用户调研

（续）

阶段	启动期	增长 I 期	增长 II 期
核心胜任力	口头、书面表达 关系建立	组织协调 分析判断 指挥控制	指挥控制 决策能力 信息搜集 战略规划

销售岗位核心软技能

销售岗的核心"软技能"是什么呢？不少人在选拔销售人才的时候，往往会认为"内向""外向"是区分销售的重要依据。这种观点是站不住脚的，事实上有很多金牌销售都是不善言辞的。在我们服务的众多企业中，曾经见过一个极端案例：一位化工原材料销售竟然有口吃，和传统印象中的销售形象相去甚远。但如果他们企业用这一条来作为选人标准，很有可能就会失去这位业绩是平均水平 8 倍的人才。因此，用"内向外向"或者是"是不是能说会道"来区分销售，很容易看走眼。

那么究竟什么是好销售和差销售的关键区分点呢？结合大卫·迈耶和赫伯特·M. 格林伯格两人的研究，我们发现有两个最核心的软技能，那就是"成就动机"和"人际理解"。[⊖]

具备"成就动机"的人愿意给自己设定更高的目标，总是愿意挑战自己，走出舒适区。它包含两个方面：内驱力和外驱力。因为销售是一个失败概率大于成功概率的工作。即使是一位金牌销售，他的100 次销售的成功率也不会超过 30%，也就意味着他要失败 70 次。这

⊖　David Mayer, Herbert M. Greenberg. What Makes a Good Salesman[J]. Harvard Business Review, 1963.

种反复失败、重新再来的与挫败感斗争的过程，没有强大的动力支撑是很难坚持下去的。来自内在的驱动力，意味着这位销售就是喜欢说服他人，拿下订单。销售就是个游戏——失败对他而言，反而增加了游戏的挑战性。这种旁人无法理解的乐趣，使他在被拒绝 100 次之后，第 101 次站起来继续前进，也就是一种流行的说法叫"延迟满足"。

如果没有这种内部的驱动力，外部的驱动因素有的时候也可以弥补。一个代表性的例子就是缺钱，这也是为什么早年阿里中供铁军招销售时，特别看重候选人是不是"苦大仇深"，来自较贫困的原生家庭。如果候选人衣食无忧，除非他有强大的内在驱动力，否则他是很难做到"客户虐我千百遍，我待客户如初恋"般有韧劲的。当然，不同于内驱力的持久，外驱力很容易随着需求被满足而消失，毕竟它是"外在"的，会随着物质条件的改善而变化，这也是我们在招聘中要注意的。

另外一个重要的销售软技能是"人际理解"，也就是我们常说的"同理心"。具备这种能力的人，能够听得懂对方话语背后的需求和情感，能够设身处地为他人着想，在沟通中把握"度"。我们设想一个场景：一位销售在电话中向他的客户推荐自己的服务，这时候客户语气焦急地说："对不起，我有个会马上要开。""人际理解"差的销售，很可能就听不出来对方的着急，继续推销自己的服务，或者分不出来对方到底是真的急着去开会，还是只是搪塞自己。而优秀的销售，可以把握好沟通的节奏、分寸，不会把客户紧逼得压力过大，或者轻易松手使客户流失。

HR 高管的核心软技能

很多中小型企业非常迫切需求一个优秀的 HR 高管作为人力资源

部负责人来打破用人僵局。那么，这个岗位的核心"软技能"又是什么呢？有三个是企业在看人的时候非常容易忽视的，它们分别是：商业意识、领导变革和组织敏锐度。

一名优秀的 HR 高管，他和业务部负责人就像 CEO 身边的左膀右臂。业务部门用商业手段来实现组织战略目标，而 HR 负责人则用组织手段来实现。不具备"商业意识"的 HR 负责人，对人力资源动作导致财务指标的变化不能很好理解，只能为了使用人力资源工具而使用工具，结果就容易导致和业务部门的矛盾重重，业务部门得不到 HR 的有效支援，HR 也调动不了业务部门行动。反之，具备商业意识的 HR，能够清楚地知道企业的业务模型，并且能够有效判断不同的人力资源动作对业务指标的影响。

在飞鱼国际完成本土化，企业规模达到 10 亿元左右后，我们曾经帮助他们面试过一位 HR 总监候选人。这位候选人和我们讲述了她在前司推进 2000 家门店店长薪酬变革这个案例中，是如何分析这次变革带来企业成本结构变化的。她列出了不同的薪酬计算方式，在门店营业额变动的情况下的差异，最后选取了对员工和企业利益最大化的方案。在这个过程中，真正涉及人力资源的技术部分反而不多，一个从业多年的薪酬经理就可以胜任。但是这种从企业利润、成本结构来做决策的商业思维模式，则是 HR 高管所必须具备的。

"领导变革"是 HR 高管作为 CEO 左膀右臂的另外一种体现。企业遇到新的机遇或重大的危机时，都会面临变革的挑战。CEO 往往是变革的发起者，而具体带领组织进行变革的工作，就离不开 HR 高管了。首先，在心态上，HR 高管就需要开放、拥抱变化；其次，在操作上，HR 的作用是要让变革体现在员工的行为层面的改变上，而不仅仅停留在思想层面；最后，在步骤上，HR 作为变革的重要赋能者要能够为即将到来的变化提前做好准备，提供相关的培训、宣传和工具等。

在飞鱼国际的那位 HR 高管候选人的案例中，我们还听到了她在变革管理上的优异表现。她在前公司领导店长薪酬变革项目的时候，就遇到了层层阻力。作为传统的家族企业，飞鱼国际过往采用的是一种"大锅饭"式的分配方式，店长干多干少差距不大。现在要变成按照门店利润表现进行薪酬分配，显然对大多数人而言是一个很难一下子就可以接受的变化。她做了三件事：一是说服高管层接受变化，当然，这种说服是基于对商业、财务的深刻理解；二是她把薪酬和员工的业务行为进行了关联，店长们只要按照公司希望的管理动作进行工作，收入对比现在大概率是提升的；三是提前做好准备，她把人才盘点和薪酬变革结合在了一起，通过一次人才盘点，找出了 7、8、9 号位的优秀店长，先变革这部分人的工资结构，让一部分人先尝到甜头，变革的阻力一下子少了很多。

HR 高管还要具备第三个重要的"软技能"，那就是"组织敏锐度"。与销售岗位的人际敏感度侧重于一对一、人和人之间的交往不同，HR 高管的"组织敏锐度"要求候选人能够做到：①掌握组织动态；②赢得组织支持。掌握组织动态是指，候选人能够通过正式的（比如高管会议、员工座谈、高管信箱等），或者非正式的（坊间传闻、小道消息、私下议论）信息沟通渠道获得组织里的人对某件事的看法。赢得组织支持是指，候选人能够抓住关键决策人，争取不同背景的利益相关方配合，最终获得组织上上下下的支持。

飞鱼国际那位候选人在前公司高管层面推动店长薪酬变革时，通过召开公开吹风会以及私人信息渠道，掌握了可能支持或反对的成员信息，并依次做思想工作。虽然作为 HR 负责人，她有权力压迫大家接受，或者"绑架"CEO，要求 CEO 给全团队下命令来强制推行，但是，她非常清楚要让整个组织真正接受，对成员们意见的尊重是必不可少的。最终，她在推行新制的过程中，团队几乎是一边倒地支持变革，项目也取得了最终成果。这位候选人也在我们的力荐下，加入了飞鱼国际。

4.5　中小企业员工最需要的三大"软技能"

中小企业的后发模式，决定了在用人上对人员的要求和大企业求稳的风格有很大不同。从实践来看，有三大底层软技能，无论在哪个岗位都应该在做画像时考虑。它们分别是：学习能力、敬业负责和抗压能力。囿于篇幅，本文仅挑选软技能字典中的这三个软技能详细举例介绍。

学习能力

学习能力不等于考试能力，所以不能仅仅通过看候选人是什么学校毕业的来验证，而需要从三个维度来考量，分别是：爱学、会学和应用所学（见表 4-5）。

表 4-5　学习能力素质定义

级别	学习能力
资深级别	• **爱学**：跟随所在行业、领域或职能的最新趋势，致力终身学习，保持知识和技术水准，从而追求卓越表现；打造学习型组织，建立学习氛围和知识管理机制

（续）

级别	学习能力
资深级别	• **会学**：发现需要发展的领域，进行培训，旨在提升团队工作绩效，不断探索方法，增强工作能力 • **应用所学**：借鉴其他组织的最佳实践经验，为公司创造价值
中等级别	• **爱学**：将总结经验、持续学习作为自己在工作中学习和提高的基本功和习惯行为 • **会学**：持续努力使自己的知识和技术不断更新，探索钻研国内和全球业务方面的前沿问题，把自己塑造成复合型人才 • **应用所学**：通过自己的学习活动来营造一种内部的知识分享机制，在自己的团队内部分享知识、经验和最佳实践，以帮助他人进行学习；举一反三，有效运用到其他领域并取得重大突破
初等级别	• **爱学**：学习目的明确，有针对性的学习，主动寻求他人的反馈以分析和了解自己工作做得好和需要提高的地方 • **会学**：运用可能的信息和资源进行学习，懂得如何在适当的时候请教他人，积极采用正规或非正规的多种途径学习，以提高自己的工作技能 • **应用所学**：在工作中不断进行尝试来学习，能够把学的新知识、新技能用到工作中，并举出业绩提升的例子

　　爱学是一种学习的态度；会学是学习的能力；应用所学是能够把学习的内容和工作结合有所产出。不爱学，老是要上级要求才学，在创业企业这种时时刻刻拥抱变化的组织里很难走得长远。不会学，没有找到适合自己的学习方法，即使学习态度再端正，在应对快速变化的外部环境时也会束手无策。最后，就算爱学、会学，学习的内容无法转化成有效的业绩产出，那只不过是读死书罢了。

　　在理解软技能的时候，不仅要分维度，还需要分层级。一般来说，初级、中级和资深级别分别对应基层、中层和高管的素质要求。越往高级别走，素质要求越高，体现在影响范围变广、应对挑战变复杂、动作难度变深等。例如，"爱学"在初级的定义是"学习目的明确，不是别人逼着才学"；到了中级，"爱学"的表现要求就提高到了"持续性学习，并且把学习作为一种习惯"；"爱学"的高级就应该是"终身学习"，而且自己学还不够，还要会建设"终身学习组织"。

"会学"的初级要求是"找对方法，问对人"；到了中级，要求提高为"钻研前沿问题，成为复合型人才"，学习的深度和广度都增加了；到了高级，已经走在了学习的最前沿，要开始探索新领域了，在某种意义上进入了"无人区"。"应用所学"的初级要求是"学以致用"，学了"1"，能够用好"1"；到了中级，要求提升为"举一反三"，学了一个技能能够用在多个地方；到了高级，学习能力的要求更高，已经不再是要个体能够学习和运用，而是要能够"学习优秀组织、企业的经验，用于所在企业组织能力的提升"。

敬业负责

中小企业不像大企业那样有完善的组织体系、工作流程，很多时候的工作没有那么清晰的边界，很难分得清彼此。敬业负责这个底层软技能，保证了员工在工作时多谈贡献、少谈个人利益，企业才可能抱成一团冲出重围。它由"承担责任"和"履行承诺"两个部分构成，如表 4-6 所示。

表 4-6　敬业负责

级别	敬业负责
资深级别	• **承担责任**：除本职工作之外，承担的职责超出了要求期望；把工作当作事业 • **履行承诺**：愿意为公司或团队的利益付出额外的努力，放弃或牺牲个人、小团队利益；认同并积极建设企业文化、价值观
中等级别	• **承担责任**：不需要在监督下完成自己的工作职责；个人发展方向和公司方向一致；能够勇于承担职责以外的事情并较好地完成任务 • **履行承诺**：按时保质保量地完成工作任务，哪怕牺牲自己的私人时间和精力
初等级别	• **承担责任**：清楚自己的职责和工作要求，能够有效复述工作内容，意识到工作的责任重要性；能够对自己所辖范围内的工作差错进行担责，并积极改进 • **履行承诺**：遵守公司的各项规章制度，能够按照流程操作

"承担责任"的初级要求是员工能够清楚自己要做什么，对于自己分内的事情，能够站出来解决。中级要求是不需要别人督促就能完成

工作，而且个人的发展方向和企业的方向高度一致。这是不少管理者容易忽视的点，员工看起来很负责，交代的事都能够做好，但是员工想要的企业给不了，这类员工的敬业度反而是低的。高级要求是员工承担的工作远远超出被要求的工作内容，而且把工作当作事业，一起和企业奋斗。无论是在工作强度上还是在和企业的契合度上都有了更高的要求。

"履行承诺" 的初级要求是能够照章办事，说到做到；中级要求是能够为保质保量完成任务，牺牲自己的时间和精力；到了高级，为完成任务，牺牲的不仅是时间和精力，还包括个人和小团队的利益，难度上有了大幅的提升。

抗压能力

中小企业对于压力承担能力的要求明显高于大企业。候选人或员工如果缺少抗压能力，习惯在舒服区过日子，是很难在中小企业有所建树的。理解抗压能力，可以从抗压心态、压力表现和解压行为三个维度来分析。抗压心态，指的是候选人在压力来临时心理的状态；压力表现是指遇到压力时的具体应对行为和结果；解压行为是除了被动地在压力下工作，做出的有效地减少或者缓解压力的行为，如表 4-7 所示。

表 4-7　抗压能力

级别	抗压能力
资深级别	• **抗压心态**：把压力看作日常生活工作中不可或缺的组成部分，以建设性方式应对意外的复杂局面 • **压力表现**：面临突如其来的危机或压力时，同时保证高质量地完成大量工作，并合理分配好各部门的任务 • **解压行为**：能够成功带领公司走出困境；能够创建机制，帮助团队缓解工作压力

（续）

级别	抗压能力
中等级别	• **抗压心态**：能承受超负荷的工作压力，采取有效的应对措施，压力之下表现坚定，不屈不挠 • **压力表现**：采取有效的应对措施，克服困难，从而按时保质地完成工作；在同一时间内能同时处理多项工作，安排好部门内部的任务分配 • **解压行为**：运用创造性的办法进行自我调节或找出多余时间，能够帮助他人缓解工作压力
初等级别	• **抗压心态**：能够承受一定范围内的工作压力，面对不利的人际关系处境能够保持冷静；压力或危险出现的时候，不会匆忙应对，仍能够进行客观分析 • **压力表现**：同一时间内一般只能完成单项任务 • **解压行为**：预先留出弹性工作时间或资源应对突发压力，找到合适自己的解压渠道

"抗压心态"的初级要求是做到冷静，遇到压力不慌张；中级要求是表现坚定不退缩；高级要求是把压力看作工作中不可或缺的部分。在"压力表现"方面，初级者能够在同一时间完成一个任务即可；但中级者就被要求能够在压力下多线程工作；高级者被要求在保质保量完成大量工作的同时，还能配合其他部门进行多任务管理。在"解压行为"方面，初级者做到能够预留出弹性时间以备压力到来，能够自我解压即可；中级者则被要求能够帮助他人解压；高级者则被要求可以帮助企业或团队释放压力，范围和程度都有所提升。

4.6　求职动机：人才动机大起底

员工激励手段单薄，是很多企业遇到现实的管理问题，有些团队只会靠升职加薪这种物质方式来激励员工。但不少企业表示令其郁闷的是，现在很多年轻员工不愿意升职加薪，宁愿本本分分地做好现在的工作：家里也不缺钱，升职了还要管更多的事，自己都没时间做别的事情了。反过来，也有不少企业，它们遇到的管理问题是员工没有那么多的发展晋升机会，有点追求的员工都走了。其实，员工接受什么样的激励方式，企业是很难去改变的——这和他的家庭情况、个人成长历史等息息相关。关键在于，在招聘的时候就应该根据自己的企业情况选正确的人。

在做人才画像时，这种在"软技能"之下的激励倾向，叫作动机层。动机表示驱动候选人做某件事的原动力。清晰地把握候选人的动机，有助于在候选人入职或者提拔之后，更好地和他进行沟通、合作并对他进行管理。在现代企业管理理念中，"心理契约"这个概念被越来越多的企业所接受。⊖企业和员工的关系不再是管理者和被管理者的关系，而是强调彼此之间的合作。企业给员工提出工作要求，员工向企业提出自己的发展需求。彼此合作，相互尊重，员工用自己的表现获得企业的支持，企业通过员工的发展获得业绩的提升。当然，这里的前提是，企业对员工的需求是清晰的。

一般来说，员工或候选人的需求可以归为：情感、发展、健康、家庭和收入五大方面。

情感需求包括：对 CEO、企业、团队的认可，对企业的归属感，企业能给到的荣誉感、工作带来的成就感等。

发展需求包括：员工或候选人希望在职业上获得晋升、转岗；进入更好的行业获得更好的发展；通过参与某些特定项目对自己某个技能进行补充；或者让经验打通行业上下游（例如，有了采购的甲方经验，到乙方又作为销售人员开展工作，这样既可以了解乙方又可以更好地发挥自己懂得甲方的优势）。利用好发展需求，在企业和候选人谈

⊖　资料来源于汤君健在得到 App 上的课程《怎样成为带团队的高手 2.0》。

薪资的时候就可以有一个有利的筹码。如对于一些寻求跨行业或者是转职业发展的候选人，他们在新的行业或者是职业岗位上并没有很好地证明过自己，所以在谈薪资的时候适当"压一压"工资是合适的。另外，对于一些从乙方跳槽到甲方的候选人，企业也是可以在谈薪的时候强势一些的。这是因为一般而言，乙方由于是服务方，工作压力和难度都要相对高于甲方，所以薪酬水平会偏高。

健康需求是很多企业在做画像时忽略的，尤其是对于一些企业中高级人才，他们往往不再年轻，不愿意像刚毕业时那样通过加班、出差等去完成任务，而是想更多地发挥自己的经验、管理能力，提高单位时间的产出。所以，不能简单地定义这些员工就没有"奋斗精神"，只不过是做出业绩的模式变了罢了。

家庭需求是指，员工或候选人有没有换城市的需求、能不能够接受长期出差或异地派遣。一些特殊的工作，可能会因为要频繁出差，所以不适合某一类人；但反过来，也有人喜欢这种空中飞人的感觉。总之，招募适合的人，让员工做自己喜欢的事，都是能够提升工作满意度的方法。

收入需求是指候选人或员工对收入的看法，收入包括基本工资、薪酬、绩效、分红甚至期权、股权。并不是说收入需求越低的候选人越好，对收入的期望是激励员工的一个重要抓手。如果企业招了一个员工，他对收入无欲无求，企业反而很难找到激发他的关键点。这里有一个用人经验，中小企业在开工资的时候，可以遵循"基层员工要高配，高层员工要低配"的原则。所谓"基层员工要高配"是指，对于基础型岗位人才，开出高于市场平均的工资。这样做的要处有三：①因为招的是有成长性的人才，所以企业只不过是把未来要给他们的收入提前给到位了，在创造价值层面并不吃亏；②基层员工工资基数不高，给出高出平均的工资，哪怕高出 15%，对企业的成本增加有限，起到的激励作用却是巨大的；③对于人才给予优厚的待遇，无形中会提升企业的雇主品牌形象，能够起到口碑效应。"高层员工要低配"是指，对于企业引入的高管要尽量减少收入的确定性现金部分，增加和结果指标挂钩的绩效工资、股份、期权的占比。增加和结果指标挂钩的非确定性绩效占比是因为，和基层员工对整个企业的经营影响较小不同，高管的决策和企业最终的盈利之间是有较大的相关性的，增加绩效部分的占比可以提升高管的责任感。同时，增加股份、期权的占比，是要引导高管树立长期发展的意识，如果他们对企业未来（股权带来的分红、期权带来的增值）没信心，只愿意多拿现金，这样的高管是很难保证其忠诚度的。

4.7　为什么中小企业选人还要看"价值观"

很多企业管理者没有充分意识到价值观的重要性，要么认为价值观是贴在墙上的口号，要么认为价值观等同于道德观，但这两种认识都是有些偏颇的。价值观的本质是对企业成功经验的一种提炼。这种提炼，不同于口号，它可以实实在在地帮助企业复制成功。比如，为什么腾讯公司说"用户体验至上"的价值观，大家都会信？那是因为腾讯的每一次成功，几乎都是通过能给用户带来"尖叫体验"的产品取得的。久而久之，"用户体验至上"在腾讯就成了一种"政治正确"。当员工遇到一个决策，有可能会牺牲利润但是可以带来更好的用户体验时，他脑海中的价值观就会帮助他"自动"做出选择"用户体验"

这个判断。这种每天数十万人下意识的选择，又进一步加强了腾讯在"用户体验"方面的优势。

那么，为什么又说价值观不等于道德观呢？这是因为，不同企业对成功经验的历史积累是不一样的。比如，如果是富士康这一类生产制造型企业，那么显然成本控制是企业的成功基因之一，企业一定要在这个核心竞争力上投入资源。控制成本、减少浪费就是这类企业的成功基础。我们不能说只有做好"用户体验"才是高尚的，不能说"减少浪费"就是不道德的，只不过这些价值观适合各自的企业策略罢了。除了要遵纪守法、诚实守信等这些普遍的价值观之外，大部分的企业价值观都不等同于道德。品质优先未必就比成本至上高尚，奋斗拼搏也未必比工作生活平衡道德。选择各种价值观的企业都有，而且不乏成功者在。为了更好地理解价值观不等同于道德，我们来看下面这个例子。

东方是深海生鲜超市的创始人，旗下的门店里销售着一些进口水果。公司制度手册上明确写了水果可以存放一个星期，但实际只放了3天品相就有点不好了，而制度手册上并没有规定品相不好要下架。东方是白手起家创业的，他之所以能够成功，就在于他对成本的"死磕"。水果这个品类，成本相对差异不大，能够做文章的就是对损耗的控制。大部分门店在遇到这种情况时，一般都会选择继续售卖品相稍微有点不好的水果，但是会适当降价或者做成果盘。

最近作为优秀人才从竞争对手万果园挖过来的店长们的做法，就让东方非常不满意了。他们居然主动销毁品相不好的水果，只把"最完美"的商品卖给顾客。东方看着就非常心疼：这些水果明明还是可以吃的啊，只是外观有些不好看罢了。这种行为，往道德上说，就是浪费！是什么造成了这种对价值观的认知差异？

分析：很多人以为价值观就是口号，看不见，摸不着。但其实价值观是一种制度之外的决策方式，是对日常琐事的方向性指导。它的本质来自企业成功经验的提炼和总结：深海生鲜之所以可以成功，是因为东方对损耗、成本近乎偏执的追求，所以他的价值观是成本第一，不许浪费。但同样是生鲜水果行业，万果园选择的是走高端路线，所以它培养出来的店长就认为品质第一才是正确的事情。成本第一，不许浪费是对的，品质第一也是对的，但合在一起，团队就没有办法统一思想了，这就是价值观带来的冲突。

类似这样的两难行为，每天每时每刻都在发生。东方管着下面几十家门店，每个店长有各自的成长背景，这也就意味着他们的价值观天然是不一样的。如果东方不能很好地拉齐所有店长的价值观，有的店长质量优先，有的店长成本优先，那么管理上会多混乱？东方不可能时时刻刻去规范下属们那些鸡毛蒜皮的小事，但问题是如果放任不管，久而久之，企业给顾客传递的品牌定位也会走样了。所以，中小企业选拔内外部人才，要看价值观，而且这个价值观标准，要来自企业过往的成功经验提炼，这样才能够统一，这样才能够服人。反过来，持续按照来自成功经验的价值观行事，还可以帮助企业在未来继续获得成功。

例如在下面这个案例中，雷军提到自己的企业不接受 "把稻草卖成金条" 的人。这位候选人的能力雷军非常认可，并且他也有成功案例，但是在价值观上和小米公司不符，那么即使他再优秀，也坚决不能录用。因为一旦他加入之后，对小米的商业模式就是一个挑战：会不会背叛雷军曾经提到的要把供应链利润控制在 5% 以内的初心？

"雷军在一次内部讲话中谈到了自己面试的一位很牛的销售高手，他的各方面能力都非常符合标准，在前公司，他可以将原本一年只能做到900多万美元的业务用4年做到2亿美元，他也以此为傲，甚至在雷军面前吹嘘：我的能力就是可以把一根稻草卖成一根金条。雷军听到这顿时就失望了，立刻就拒绝了他加入小米，理由很简单：跟小米的价值观不符，小米不需要欺骗用户的人。"[θ]

那么企业如何提炼自己的价值观呢？这需要创始人和高管团队坐下来，把企业发展路上的成功的经验和失败的教训的案例都写出来，然后大家一起讨论：在这些案例背后有哪些关键词是有共性的，把大家一致认可的先提炼出来。至于一些还比较模糊的、暂时拿不出太多有说服力的案例佐证的关键词可以搁置争议，以后再确认。最后，把成文的价值观变成具体的执行准则，进行全员宣传和贯彻。

茂诺咨询公司把创业企业价值观快速分为两类，分别是方向类（企业服务谁，为谁创造价值，使命愿景是什么）和方法类（如何实现使命愿景）。具体来说，方向类包括以下三个价值取向的排序：是客户第一，员工第一还是股东第一？方法类包括：是质量优先，成本优先，环保优先，用户体验优先，使命必达，打破常规，还是过程管理？（还有更多方向类、方法类价值观，不再一一列举。）作为企业CEO，需要从其中选出真正符合企业发展理念、成功案例的要点，才能够服众。

常见的客户第一的代表性企业包括华为、阿里等诸多优秀企业；

θ   资料来源于"商悟社"上的文章《雷军：小米永远不要"能把稻草卖成金条"的人》，https://baijiahao.baidu.com/s?id=1605927403237332610&wfr=spider&for=pc。

员工第一的企业则包括星巴克、海底捞；股东第一的则包括大部分投资类型公司；等等。往往生产制造型企业偏重成本优先或者质量第一，研发创新型企业强调打破常规，而销售运营型企业则强调使命必达。

我们曾经辅导过一家数码产品经销商大圣商贸，企业已经做到了10亿元的规模。创始人李总和我们分享了她创业路上的一个案例：在企业还很小的时候，她代理某个品牌赚了很多钱，但是她的客户因为投入比较大，并没有赚到多少，有的甚至还亏了钱。于是李总决定把当年的利润拿出90%分给二级经销商客户。是的，你没有看错，是利润的90%而不是10%。而在之后的十几年里，企业遇到了一次重大的经营决策失误，在差点倒闭的边缘，是这些客户主动延长账期，甚至免息借钱给李总，硬是把企业拉了回来，使之东山再起。所以在大圣商贸提炼价值观的时候，所有高管一致认可"共赢"这个词（属于方向类的客户第一）。

就在价值观提炼好后的一次干部述职中，李总面见了一位销售冠军。这位销售冠军谈到自己去年如何超额完成业绩时说，自己让客户多囤了两百万库存。就在这位销售冠军沾沾自喜的时候，李总意识到了这就是和"共赢"价值观相违背的行为。因为他让客户囤这两百万没必要的库存，虽然完成了业绩，但必然导致客户仓储、运输、资金等一系列成本上升。客户出于对李总、对大圣商贸的信任，完成了这笔囤货，但损害的是长期信任。

而这位销售冠军原先出身于一支狼性的团队，凡事讲究"使命必达"和"没有借口"的价值观。李总意识到，这并不是这位员工的问题，根源在于自己选人时没有考察价值观，入职后又没有把价值观宣传好。于是李总出人意料地拿掉了这位销售冠军最佳员工的称号，并且冻结了他的晋升。而且李总在公司内部进行了一场关于"共赢"价值观的宣导活动。她表示，如果再发生这种侵害客户关系来换业绩的事情，立刻开除。并且把"共赢"价值观放入了面试和内部选拔时必须考察的项目。

那么，在招聘的时候，该如何制定候选人的价值观标准呢？根据我们第1章提到的"工程化思路"和"软技能"的判断，企业需要把对价值观的定义，具体到行为描述，落实到行为层面。比如，"共赢"，这是一个见仁见智的词，每个人的理解都不一样。那么，大圣商贸就应该写出一份关于"共赢"的定义，先分拆，然后描述。例如，共赢可以分拆为：双方利益最大，都不做伤害对方利益的事。还可以具体描述为：①在合作中以双方的利益最大化作为出发点，要能创造性地找出解决利益冲突的方案；②坚持合作底线，没有伤害对方利益的行为。这样，就把"共赢"变得可操作、可检查了。

4.8　面试考察点清单

基于冰山模型，我们可以得到一份《冰山模型考察点清单》，模板如表4-8所示。

表4-8　冰山模型考察点清单

考察点	项目	考察标准
硬技能	- 学历 - 工作年限 - 必须掌握的相关知识、技术	

（续）

考察点	项目	考察标准
软技能	- 软技能 1 - 软技能 2 - 软技能 3（一般在 6 个以内为宜）	
动机	- 动机（动机没有好坏，关键是要弄明白候选人的 　动机是什么，并且符合当下公司的用人理念）	
价值观	- 价值观 1 - 价值观 2 - 价值观 3（一般 3 个为宜）	

　　我们以飞鱼国际招聘 HR 负责人为例子。在完成了商业化之后，飞鱼国际开始了 HR 负责人的招聘。这时候企业规模已经上了一个台阶，人员达到了 400 人。在企业文化建设、干部培养、人才盘点方面都遇到了很大的瓶颈，的确也需要引入优秀的人力资源全职人才了。在我们的辅导下，孙总把自己对 HR 负责人的画像第一次清晰地描述了出来（见表 4-9）。

表 4-9　飞鱼国际 HR 负责人画像

岗位名称	人力资源部总监	
考察点	项目	考察标准
硬技能	- 有 1000 人规模企业人 　力资源高管的工作经验 - 有企业文化建设、干部 　体系搭建、人才盘点项 　目经验	1. 应有作为以上项目主导者的经验，而不仅仅是参 　与者 2. 所负责的人力资源团队人数应大于 10 人 3. 项目有明确对业务产生支持的结果
软技能	- 组织敏感度（资深等级）	1. 赢得支持：与组织的各个阶层关系融洽，能为自 　己的观点和计划赢得广泛支持 2. 掌握动态：和公司内外相关人员保持联系，并随 　时掌握公司内外各个组织的最新动态
	- 商业意识（中等）	1. 外部：密切关注市场环境、客户需求的变化以及 　产品技术的发展趋势，有意识地收集和分析市场 　信息 2. 内部：一般能够对市场趋势做出正确的判断，顺 　应发展潮流，及时推出新产品或新服务，并积极 　防御可能出现的危机，取得令人满意市场成绩 3. 财务：可以对企业某些经营财务指标给出改善计划

（续）

岗位名称	人力资源部总监	
考察点	项目	考察标准
软技能	- 领导变革（资深等级）	1. 调整行为：愿意积极接受新的任务、挑战和状况，采取新方法在自己的职能领域实施改善，支持创新性和开创性项目 2. 接受变化：树立变革的紧迫意识，对变化保持高度的敏感性，并能够从一些细节预测到未来的发展趋势，向团队和组织传达变革的益处 3. 提前准备：能系统分析和准确判断变化可能带来的各种影响和结果，从而把握先机，并积极制订具体可行的应对方案，做好充分的准备
	- 学习能力（资深等级）	1. 爱学：跟随所在行业、领域或职能的最新趋势，致力于终身学习，保持知识和技术水准，从而追求卓越表现；打造学习型组织，建立学习氛围和知识管理机制 2. 会学：发现需要发展的领域，进行培训，旨在提升团队工作绩效，不断探索方法，增强工作能力 3. 应用所学：借鉴其他组织的最佳实践经验，为企业创造价值
	- 抗压能力（资深等级）	1. 抗压心态：把压力看作日常生活工作中不可或缺的组成部分，以建设性方式应对意外的复杂局面 2. 压力表现：面临突如其来的危机或压力的时候，在保证高质量的同时完成大量工作，并合理分配好各部门的任务 3. 解压行为：能够成功带领企业走出困境；能够创造机制，帮助团队缓解工作压力
	- 敬业负责（资深等级）	1. 承担责任：除本职工作之外，承担的职责超出了要求期望；把工作当作事业 2. 履行承诺：愿意为企业或团队的利益付出额外的努力，放弃或牺牲个人、小团队利益；认同并积极建设企业文化、价值观
动机	- 愿意和一支创业团队一起成长的优先考虑	略
价值观	- 共赢	1. 在合作中以双方的利益最大化作为出发点，能创造性地找出解决利益冲突的方案 2. 坚持合作底线，没有伤害对方利益的行为

建议企业的人才管委会组织业务骨干，对关键岗位进行面试清单

的梳理；人力资源部在未来的面试流程中，加入面试清单的记录填写、打分环节，并在企业档案库存档。凡是没有按照要求填写、打分的用人部门，将冻结其招聘编制。至于面试清单上的这些标准如何进行考察，我们将在接下来的章节重点展开。

▪ 本章小结

本章介绍了识别人才的冰山模型，识别人才要看硬技能、软技能、动机和价值观。硬技能来自岗位的关键任务，考察时要区分阶段性和不同岗位在"学过、做过、赢过、教过"的考察侧重；软技能是完成任务背后的可迁移的能力，可以按照管人和理事两大类，分为个人、人际、团队、目标、解难和过程六个子类；动机是候选人的求职需求，包含情感、发展、健康、家庭和收入五大方面；价值观是企业成功经验的提炼，包括方向类价值感和方法类价值观。最后，要把硬技能、软技能、动机和价值观的成文标准，放入人才画像，为下一章讲到的面试清单做准备。

本章的最后，是关于"人才画像"部分的行动计划清单（见表 4-10）。

表 4-10 "人才画像"行动计划清单

项目名称	描述	建议负责人	落地时间表
关键任务梳理	对一个关键岗位的关键任务进行梳理，从而确认知识、技术的"硬技能"边界	用人方	
面试清单	对一个关键岗位进行人才画像的标准描述	HR	

识 / 别 / 篇（外） **招聘面试的技术**

5.1 面试高管的四大误区

好不容易把心仪的候选人邀请来面试，而这只是万里长征的第一步。如何在面试的过程中看人不走眼，这才是真正的挑战。就算有了清晰的人才画像，候选人也未必就会透明地把自己呈现在面试官面前。面试就像侦探破案，需要面试官根据蛛丝马迹找出关键的信息并进行辨别。在宝洁这样对人才极度重视的企业，整个招聘过程分为笔试、领导力测验、一对一面试、多对一面试等多个环节。[^⊖]面试官要经过

[^⊖]: 资料来源于"搜狐网"上的文章《2019 校招｜宝洁市场部从网申到 offer 的全过程经验分享》，https://www.sohu.com/a/254625048_459571。

专业的培训之后才能"上岗"，并且还要由一位资深的面试官带着参加若干次多对一面试之后，才能"单飞"一对一地去面试候选人。

反观很多中小企业的管理者，招聘基本只靠面试这一个环节。而且在面试环节，面试官并没有接受过专业的训练。CEO 可能会以为，面试是 HR 的事，自己只要凭感觉问几个问题，甚至连出现一下都不用，一切交给下属们去办就好了。下面是我曾经辅导过的一位创业企业 CEO Z 总的一次有代表性的面试，你可以试着找出 Z 总有哪些做得不那么到位的地方。

Z 总的企业做到了 3 亿元营业额，现在急需一位销售总监。其实在面试前，Z 总已经做了一份候选人画像。在"硬技能"上，他希望这位总监有大企业的销售经验，大客户管理能力和谈判技巧要比较突出；在"软技能"上，Z 总特别看重学习能力和分析判断这两块；在动机上，Z 总希望候选人是因为看重事业发展才来的，而不是来分钱的——"钱多就干，钱少就不干"是不行的；在价值观上，Z 总特别希望候选人愿意接受创业公司压力大、没有体系的特点，愿意主动奉献，同时注意成本优先，做生意不要大手大脚。冰山模型考察清单如表 5-1 所示。

表 5-1　销售总监画像

考察点	期待表现
硬技能	大企业的销售经验、大客户管理能力、谈判技巧
软技能	学习能力、分析判断
动机	看中职业发展
价值观	愿意主动奉献，成本优先

那是一个阳光明媚的下午，Z 总把猎头推荐来的销售总监候选人高明约到了自己的办公室。沏上一壶茶之后，Z 总和高明开始了亲切

的聊天。Z总先花了大概30分钟，介绍了自己企业的业务，然后他问了高明第一个问题，考察高明的销售技巧："假如给你一支60人的销售团队，你打算怎么管？"高明谈了自己的想法，从激励方式到市场开拓的策略侃侃而谈，Z总听了频频点头，而且Z总看到高明的简历上都是大企业的工作经验，上一份工作又是在某知名外企任销售总监，所以他也就没有再多追问了。

然后Z总又问了第二个问题，考察高明的学习能力。他问："你平时看什么书？"高明脱口而出：《史记》。Z总也是个历史迷，于是高明在他心中又加了不少分数。而且Z总认为，爱读《史记》的人，分析判断能力一定不会差，这块也就不再多问了。

在动机层面的考察上，Z总问高明：为什么放弃大企业的工作，来看小企业的机会？高明回答：大企业发展受限，前面几家企业都是外企。管理层都是老外，自己的发展一眼就看到头了。自己希望能够成为销售方面的管理专家，听说Z总提供的这个岗位管辖五六十人，比起之前自己负责的工作要更有挑战性，所以想来试一下。这个答案令Z总非常满意。

最后，Z总还想考察一下高明的价值观，于是Z总问：你能接受加班吗？高明一口答应下来，没问题啊。Z总满心欢喜，觉得自己招了半年的销售总监，得来全不费功夫。于是就让HR和猎头去谈薪水。但是谈的过程就特别艰难，居然比原先沟通的工资期望高出了20%。但是Z总爱才心切，觉得一定是自己的HR在谈的时候不懂得沟通技巧，不够真诚。为了表示歉意，Z总也答应了给高明的薪酬。

盼星星盼月亮，总算盼到了高明的入职。在和他深度合作了两周之后，Z总就发现不对头了。高明并没有想象中那么强的销售管理能力，充其量就是能够自己做好销售。至于学习能力，和面试中表现出对《史记》的热爱完全不同——高明整整花了三天的时间都还没搞明白销售系统，最后只好从技术部抽调了一位助理专门支持他。并且，和面试中的表态很不一样，高明一到下班点就走，根本不愿意多做自己分外的事。同时他在促销上大手大脚，业务没做多少，促销费已经申请了快 100 万元。Z 总最后没忍住，和高明发生了激烈的争吵，最终二人不欢而散。高明入职后的真实表现如表 5-2 所示。

表 5-2　高明入职后的真实表现

考察点	真实表现
硬技能	见过上级如何管团队，但自己并没有实操经验
软技能	学习能力极差，分析判断能力一般
动机	上一份工作表现不好被劝退
价值观	下班就走，大手大脚

在这次失败的面试过程中，Z 总至少犯了以下四个错误：

（1）在考察硬技能、软技能方面，"做过""赢过""教过"的真实经历比"学过""见过"重要。在第 4 章中我们提到，经验有四个层次：学过、做过、赢过、教过。实际上后来通过背景调查，Z 总才意识到高明的上一份工作虽然对外头衔也叫总监，但其实是在做销售经理的工作。他在面试中回答的，更多是他看自己的上级当年怎么做然后想象出来的答案，充其量算是"学过"和"见过"怎么管理销售团队，虽然高明在面试的时候说得头头是道，但是他自己并没有太多底气。学习能力的考察也是这样，不能因为爱读《史记》就证明学习能力强，必须要有具体的案例作为载体。比如，按照我们对学习能力的定义，中级的标准要求能够"举一反三"，那么就可以让候选人举出过往工作中，把学到的一个新知识用到其他领域并取得成功的例子。

（2）在动机考察方面，"做了什么"比"想做什么"更重要。高明口口声声说自己是看重发展而来，但是他过往十余年的简历基本都围绕着大企业在打转，似乎从来没有打过进创业企业的主意。有经验的面试官会继续追问："你说你希望能够在职业上有进一步的发展，那么你为此做了什么呢？"再回到简历本身，这里有一个非常大的疑点，高明在那家大企业已经是总监了，又为什么要到小企业继续做总监，而不是寻求总经理这样更高一级的职位呢？还有，他在薪酬上的斤斤计较、得寸进尺的行为，完全不像是一个"看重发展"的候选人应该有的表现。比起候选人嘴上的"说法"，这些具体的"做法"才是更需要引起注意的。

（3）在价值观考察方面，"来自成功的反思"比"表态"更重要。Z总直接问对方"你能不能接受加班""你是不是看重成本"等，往往只能换来对方言不由衷的回答。有些候选人是比较功利的，他们往往选择不管怎样，先把Offer拿下再说。那么挑好听的话说自然成为他们的首选。而一个人的价值观，往往是不容易改变的，它的形成和个人的成长过程紧密相连。从某种意义上讲，和企业的价值观提炼类似，个人价值观也是一个人的成功经验的自我强化。因为某件事成功了，所以他提炼出了经验，而这种经验如果再次获得成功，久而久之，他就会形成路径依赖。比如高明，他一直在大企业靠"高举高打"获得职业上的快速成功，对于成本控制的确没有这方面的意识。所以也许他觉得自己还算是节约的事情，但是在 Z 总这种草根创业、白手起家的 CEO 看来就是"大手大脚"。

（4）第四个误区相对比较隐蔽。为什么 HR 和候选人聊的结果和 Z 总聊的结果不一样？这是因为 HR 和 Z 总在面试中问的问题不一样。在 20 世纪 60 年代，W. E.霍尔博士就注意到了这个问题，从而提出了结构化面试法，已经被业界广为采纳——它要求所有候选人都使用一套标准的问题和统一的评分标准，在同一个流程下进行面试。这就尽可能地避免了面试中由于面试官的不同带来的判断误差，提高了面试的准确度和有效性。

基于此，我们开发了适用于中小企业短、平、快的"结构化"面试模型——《基于冰山模型的结构化面试清单》（见表 5-3 ）。

表 5-3　基于冰山模型的结构化面试清单（略表）

冰山模型考察项	考察方式
硬技能	学过、做过、赢过、教过，举例说明并追问
软技能	学过、做过、赢过、教过，举例说明并追问
动机	为此做了什么
价值观	成功的来源

5.2　为什么考察硬技能、软技能，不能只问"你会怎么做"

很多面试官容易犯和 Z 总一样的错——爱问假设性的问题。

"假如给你一支 60 人的团队，你会怎么管理？"

"假如你有 500 万元预算，你会怎么花？"

"假如你来了我们公司以后，你会如何破局？"

假设性问题当然是一种考察，不过，它更加适合测试临场反应和口才。一个有经验的高管对于这类理想状态下的情景，往往都有成熟的"套路"，他们可以滔滔不绝地说上半天"正确的废话"。比如，"如果给我一支 60 人的团队，我会合理分配工作、制定合理的目标、培养关键人才、采用合适的激励方式……"你甚至没有办法挑战他们的说法，因为你也只是"假设对方有一支 60 人的团队"。

甚至有些面试官会出一些脱离实际工作环境的所谓"情景面试题"。例如："如果你流落荒岛，你会怎么做""如果你坐的轮船失事了，你怎么自救"，还有曾经在网上引起热议的"800 公斤的牛，如何过限定载重 800 公斤的桥"，等等。这种问题，更加适合在招聘应届毕业生的时候，进行无领导小组讨论。因为大学生没有相关的行业技能经历，情景面试可以更好地考察他们的反应能力、沟通能力等比较初级的软技能。对高管来说，如果这么考察反而会给候选人带来被冒犯的感觉。

类似于 Z 总考察学习能力时间的"你平时看什么书"这种问题，也是不合适的。一方面，爱读什么书和学习能力之间并没有有效的关联。爱读书的人，可能会在工作中不学习新技能；反过来，不爱读书的人，也可能是因为把精力都用到了工作中去。另一方面，这类问题极容易被"套答案"。一旦你在招聘时用了这个问题一次，那么，很有可能以后这个问题就不能用了。比如，大家慢慢就会知道，Z 总喜欢《史记》，不喜欢《西游记》《西厢记》《鹿鼎记》。以后再问这个问题，来面试的人都可以往标准答案上去靠。

那么，如果要考察"硬技能"和"软技能"，该怎么问呢？我们要问："你曾经是怎么做的？"这种根据对方工作经历，反推未来表现的

面试方法，叫作行为面试法。网上流传的宝洁公司面试八大问就是这方面的代表。[注]

（1）Describe an instance where you set your sights on a high/demanding goal and saw it through completion.

举例说明，你如何制定了一个很高的目标，并最终实现了它。

（2）Summarize a situation where you took the initiative to get others going on an important task or issue and played a leading role to achieve the results you wanted.

请举例说明你在一项团队活动中如何采取主动，并且起到领导者的作用，最终获得你所期望的结果。

（3）Describe a situation where you had to seek out relevant information, define key issues and decide on which steps to take to get the desired results.

请详细描述一个情景，在这个情景中你必须搜集相关信息，划定关键点，并且决定依照哪些步骤能够达到所期望的结果。

（4）Describe an instance where you made effective use of facts to secure the agreement of others.

举例说明你是怎样用事实促使他人与你达成一致意见的。

（5）Give an example of how you worked effectively with people to accomplish an important result.

举例证明你怎样通过与他人有效地合作去共同实现一个重要目标。

⊖ 资料来源于"知乎"文章《如何回答宝洁八大问》，https://www.zhihu.com/question/19889186。

（6）Describe a creative/innovative idea that you produced which led to a significant contribution to the success of an activity or project.

举例证明，你的一个创意曾经对一个项目的成功起到至关重要的作用。

（7）Provide an example of how you assessed a situation and achieved good results by focusing on the most important priorities.

请举例，你是怎样评估一种情况，并将注意力集中在关键问题的解决上的。

（8）Provide an example of how you acquired technical skills and converted them to practical application.

举例说明你怎样获得一种技能，并将其付诸实践。

我们不难看出，这八个问题，没有一个是"假设遇到……情况，你会怎么做"，而是全部都由考察过去的案例构成——都是"请举例""举例说明"，等等。而宝洁对于网上公开流传的这些面试考题，并没有采取"删帖"等手段去防止面试题目外泄。这是因为，这类问题即使公开了，每位候选人给出的答案也是不同的。比如，就拿第一题来说："举例说明，你如何制定了一个很高的目标，并最终实现了它。"有的人可以举自己大学时通过做家教赚到1万元的例子，也有的人可以举自己带领销售部完成1亿元业务目标的例子。它们都属于"制定了一个很高的目标，并最终实现了它"的范畴。例子本身并不重要，重要的是在完成任务的背后，体现出了候选人的哪些行为。

还是拿Z总招聘销售总监为例，如何判断候选人有大客户管理能力？很简单，直接请对方举一个例子："请你分享一个你在大客户管理方面的成功案例。"如果要问得更详细，也可以进一步分解这个问题。大客户管理有四大关键任务，分别是：客户关系维护、销售计划及策略、销售执行和市场洞察。可以问这四个问题：

"请你举一个例子，你是如何维护客户关系的。"

"请举例介绍一下你的某次销售计划是如何实施的。"

"请介绍一下你在负责大客户销售工作的时候，销售执行上最成功的一次案例。"

"请介绍一下你成功通过市场调研获得第一手洞察，最终带来业绩增长的案例。"

对候选人而言，如果连自己负责领域具体的案例都说不上来，那么，这时候到底是李逵还是"李鬼"就一目了然了。

"软技能"的考察也是这样。如何考察候选人的学习能力？我们回到学习能力的资深级别的定义：

爱学：跟随所在行业、领域或职能的最新趋势，致力于终身学习，保持知识和技术水准，从而追求卓越表现；打造学习型组织，营造学习氛围和建立知识管理机制。

会学：发现需要发展的领域，进行培训，旨在提升团队工作绩效，不断探索方法，增强工作能力。

应用所学：借鉴其他组织的最佳实践经验，为企业创造价值。

那么，就可以这么设计问题：

"请举个例子，你在过往工作中是如何打造团队集体学习的。"（爱学）

"你在过往工作中是如何通过培训提升团队工作业绩的，请举一个成功案例。"（会学）

"能否举一个例子，介绍一下你最近学习的一个优秀的组织，你学到了什么，并且如何用在你的团队业绩提升上。"（应用所学）

总之，这种问题设计的思路，就是从技能本身的行为层面切入，要求候选人举例来说明自己是如何完成的。这既避免了候选人说一些"假大空"的话去迎合面试官，又可以确保面试题目不会因为前面的候选人泄露而失效。在第4章中的《冰山模型考察点清单》的基础之上，再加上提问清单，最终一份标准化、结构化的《行为面试清单》就形成了（见表5-4）。

表 5-4　行为面试清单

岗位名称		应聘者姓名		
考察点	项目	考察问题	考察标准	候选人评分及评价（不合格、合格、优秀）
硬技能	- 学历 - 工作年限 - 必须掌握的相关知识、技术 - 能够完成某些关键任务			背景： 目标： 行动： 结果：
软技能	- 软技能 1 - 软技能 2 - 软技能 3（一般在 6 个以内为宜）			背景： 目标： 行动： 结果：
动机	- 动机（动机没有好坏，关键是要弄明白候选人的动机是什么，并且符合当下公司的用人理念）			是否符合公司期望
价值观	- 价值观 1 - 价值观 2 - 价值观 3（一般 3 个为宜）			是否有价值观风险
综合评价及录用建议			面试官签字 日期　年　月　日	

最后补充一个技术上的细节：如果要考察多种能力，是不是一定要每种能力问个问题，让对方举个例子？比如，飞鱼国际公司招 HR 负责人，要考察组织明锐度、商业意识、领导变革、学习能力、敬业负责、抗压能力、组织敏感度，难道每个问题都要举一个例子？当然没有必要这么教条，因为完成一个成功案例，往往要用到多种能力组合。例如，我在上文也提到，我们当时帮助飞鱼国际招 HR 负责人时，一位候选人提到自己在门店做薪酬管理的案例。这既可以看出她的商业意识（核算门店成本、薪酬结构），又可以看出她在组织敏感度方面的表现，争取到不同阶层的支持。最后，还可以看出她是如何引领变革，一步步推进的。所以，一个案例深挖下去获得的候选人信息量，很有可能大过七八个浅尝辄止的案例。

5.3　面试官的四大重要工作之引导

在行为面试中，面试官有四个重要的工作：引导、记录、打分以及核实。

引导

引导主要有三方面的内容：一是面试开始时的破冰；二是提问后对问题的进一步解释；三是帮候选人组织案例陈述逻辑。面试开始时的破冰是指，候选人刚刚进入面试这个场景时，相对来说还比较拘谨、陌生，所以很难一开始就打开话匣子。这时候，面试官可以先花 3 分钟时间自我介绍一下，再问问对方是搭乘什么交通工具过来的，来公司的路好不好找等，寒暄过后，可以请对方做一个 3 分钟的自我介绍。

甚至可以直接告知对方，"接下来我会问一些关于你过往工作的问题，大约用时一小时，我会做一些记录"等，帮助候选人彻底放松下来。

提问后为什么还需要引导呢？我们在面试中发现有一个现象：在同一个岗位竞争中，往往"表达能力强"的候选人更容易获得Offer。这是在面试过程中需要特别注意的现象，除非"表达能力"是胜任力软技能的要求，否则就会出现因为"表达能力"这个干扰项导致合适的候选人落选，或者不符合要求的候选人入选的错误发生。对于一些不善于表达的候选人，或者对于行为面试比较陌生的候选人，适当的引导就非常有必要了。

比如，"请举一个例子，说明你是如何通过学习新技能，提升业绩的"，这个问题如果就这么直接抛出去，很多候选人有可能就懵了。怎么定义新技能？生活中的算不算？工作之外学到的可不可以？这个时候，面试官就要对这个问题进行一定的解释。面试官可以这么说："因为我们这个岗位要面对很多新的挑战，所以对学习能力有一定的要求。我希望了解一下，你在最近一年或过往的工作中，有没有通过掌握一个新技能来提高业绩的情况。这里说的新技能，可以是工作中的一个新的知识或技能，比如流程建设能力、沟通技巧，也可以是工作之外的，比如时间管理技能等。"如果对方一时想不起来，面试官也可以请对方喝一口水，整理一下思路。总之，除非表达能力、应变能力是考察项，否则就应该尽量减少它们带来的干扰。

同时，除了引导对方"打开话匣子"，在面试的时候，面试官还要注意倾听，不要替候选人"接话"，也不要"插话"，以免对方"关闭话匣子"。有的时候候选人在讲自己案例的过程中出现空白，不排除是他编造不下去了；或者恰好是他露怯的需要你额外考察的点。这时候你去给他"接话"，等于提醒了他。另外，除非是要进行一定的压力测试，故意制造一种紧张的气氛，一般而言，不要轻易打断对方的发言。如果要追问，则可以等对方把完整的一句话说完之后，再进行补充提问。

最后，引导候选人的案例陈述逻辑，可以按照"背景、目标、行动、结果"的模块进行表述，这就是著名的STAR法则。

STAR的四个字母分别是背景（Situation）、目标（Task）、行动（Action）、结果（Result）。"背景"是指，案例的时间、地点、人物、起因等。之所以要说背景，是为了帮助面试官了解案例的全貌，掌握案例的难易程度，同时从侧面判断案例的真实性。比如，一个销售总监可能开始就会说自己去年完成了3亿元的新品销售业绩，让人听起来感觉还不错。但是这3亿元是带领多大团队完成的？10个人完成的和100个人完成的难度是完全不一样的。花了多少万促销预算？30万元预算和300万元预算的难度也完全不一样。市场原有份额是多少？从1%的市场占有份额中杀出3亿元和20%的市场占有份额中做出3亿元也大有不同。先说背景，让候选人把来龙去脉讲清楚，对于挖掘候选人信息是非常重要的第一步。而且背景中的信息不容易造假：团队规模、组织架构、行业背景、项目时间及地点等，都是客观可核实的。

"目标"是指，当时候选人接受了什么样的任务？目标具体是多少？时间节点怎样？当初为什么定这样的目标？是上级要求的，还是候选人自己争取的？匹配的资源有多少？等等。问目标，主要看两块内容：一方面，进一步佐证候选人在当时面对挑战的难易情况和对比结果的完成率——比如，有些聪明的候选人，会故意把第四步"结果"说得天花乱坠，而且数字上乍一看确实不错：完成了3亿元的业绩、30%的增长等。但是，一旦和目标比对——目标原本是3.5亿元、35%的增长，那其实候选人并没有达标。另一方面，问目标可以从一些侧面佐证候选人的主动性。这些目标是自己定的主动要去完成，还是上级给的任务被动去完成，虽然结果一样，但是在体现候选人的主动性方面就有很大的区别。

"行动"部分，是我们对候选人能力考察的核心，可以从怎么想、怎么做、怎么与人合作三个点切入，分别考察候选人的硬技能和软技能。问候选人怎么想，可以判断候选人的分析判断能力、决策能力、创新能力等；问候选人怎么做，可以考察他的成本意识、合规守纪、计划执行等；问候选人怎么与人合作，则可以看他的团队合作、沟通表达、组织协调等。总之，通过这样全景式的扫描，可以最快地比对、验证候选人和面试清单上考察项目的行为差距。

最后是"结果"部分。面试官要在面试中始终关注"闭环"的考核：候选人提到的结果和当初的目标对比，情况怎样；是多完成了，还是没完成；如果没完成，原因在哪里；如果重新做一次，如何才可以做得更好等。

下面以作者之一汤老师当年一次自己被面试的案例，来还原这个STAR的讲述过程。当时汤老师应聘一家知名电商企业的企业大学校长一职。董事长提了这样一个要求："请分享一下你在过往工作中是如何培养人才的成功案例。"董事长通过引导，进一步解释了原因："因为我看到你过往是销售总监的身份，现在转型做企业大学校长，我很想了解你培养人的思路是怎样的。"下面是汤老师按照 STAR 法则完整的回答：

（背景）我来分享一下我担任前公司销售部培训与发展项目经理时的一个案例。三年前（时间）我作为销售部零售渠道（地点）的项目经理，直接向销售部副总裁汇报（人物）。我手上并没有团队，而是独立做项目，协调其他销售总监配合。当时全国一共有 30 支销售团队，共计 400 余人，我的一个重要职责就是要培养团队新员工的销售能力。渠道当时处于扩张期，大量新员工被招进来，却缺少足够的零售方面的培训。往年的做法是由公司统一进行培养，但是对零售行业的特殊性照顾不到（起因）。

（目标）当时我的上级，也就是销售部副总裁给我的关键任务目标是：在两年时间里培养一批零售管培生。成功的指标包含两个部分：一个是通过试用期考试的合格人数，将是往年同期的两倍；二是缩短人才的培养时间，在效果不变的情况下，把集中培训时间从原来的三个月压缩到两个月。我最大的瓶颈在于上课的培训师远远不够。

（行动：怎么想）我当时是这么分析的：通过我对过往培训方式的调研发现，往年在闭门造车、坐而论道的课堂培训内容过多，而进入零售卖场工作中的实地培训太少。这个任务的关键点在于，如果能够加大实地培训的比重，那么，我们就可以大幅提升人才培养效率。（行动：怎么做）于是我重新梳理了管培生培养计划，在原本企业统一的销售管培生培养计划基础上，增加了有零售特色的人才培养方案。从零售管培生的关键任务出发，反推出了 20 门在实地工作环境中需要掌握的精品课（具体清单略）。（行动：怎么与人合作）最后，我和 30 名总监中的两位进行团队合作，首创了和零售客户联合培养的全新模式，免费共享了我方和客户的人才培养资源。我方高级管理人员给客户的中层进行领导力培训，客户的中层给我方的基层提供零售超市实操的工作经历培训。客户对这一模式也极为认可，他们非常看重我司在人才培养方面的专业性，甚至派出了副总经理作为项目对接人和我对接。借这个机会，我方也顺利向客户推销了我们的经营理念，进一步提升了和客户的关系水平。

（结果）最终，我们培养出相当于往年2.5倍的管培生，并且集中培训时间从原来的90天成功压缩到了60天。所在的两支零售团队也凭借此项目作为"钩子"，拿下了和客户的三年生意发展计划的大单合同。最终我个人也凭借这个项目获得了销售部铂金奖。

从这个例子当中，面试官非常方便地就获得了他想要的信息，至少看出了候选人在培训技术和零售知识上的硬技能，以及在创新思维、分析判断、说服沟通方面的软技能。当然，上面这种流畅地把自己做的事讲清楚的人，还是个案；大多数候选人，尤其是不少技术出身的候选人，对于"讲故事"这方面的能力是极为欠缺的。他们可以做出漂亮的研发项目，但在表达自己的观点和案例的时候会显得力不从心，结果被面试官误判。

所以，在候选人卡壳的时候，面试官可以按照STAR的结构进行引导："你和我介绍一下当时的背景情况吧""你当时的目标是多少""你采取了哪些行动呢""最终取得了什么结果"等。用这样的话术帮助候选人框定一个"界面"，便于后续的考察。

5.4　面试官的四大重要工作之记录和打分

记录

　　面试的时间紧、信息量大，而且你还不方便摆个摄像机回看候选人的面试过程。有些面试官只顾着和候选人"交谈"，等面完了之后别人问面试官："这个候选人怎么样啊？"他有可能连自己当时到底说了什么都想不起来。如果有多轮面试，不同候选人之间的信息会流动，等着全部人面完之后，再把面试官拉到一起讨论，这样做效率低，而且容易出错。另外，很多中小企业在面试候选人的时候过于随意，往往就直接在候选人的简历上写写画画。这种做法对候选人非常不尊重，很多人才甚至会因此而放弃该企业的职位。这时候，在面试清单上进行记录，则可以帮助后面的面试官进一步考察时提供参考，为最终录用提供依据，还可以传递对候选人的重视。

　　一般而言，可以在提问后，把候选人的案例摘要记录在《面试清单》相对应的那一栏"评分与评价"里。可以参考：背景、目标、行动、结果这个结构，记录时不用面面俱到，写成逐字稿，只需要把对方在讲述案例时，在这四块里提到的关键名词、动词、数字记录下来。一方面在面试过程中通过追问来推敲真伪，另一方面便于在面试结束后打分时和得分标准进行比对。最后，除了记录关键词，还建议直接把面试官的评价写在案例后面，便于返回来查询。

　　例如，在上一节汤老师讲述到的案例里，面试官就可以记录为：

（背景）项目经理、向副总裁汇报、400 人、30 名总监

（目标）2 倍管培生数、90 天压缩到 60 天

（行动）想：在岗培训、寻找渠道；做：关键任务20门；合作：发动客户

（结果）2.5倍管培生数、60天、铂金奖

创新能力、分析判断、说服沟通优秀；培训专业能力待HR副总裁面试时重点考察

你看，这样的记录是不是既简单又有效果。十五分钟左右的案例讲述，提炼出来就是大概一两百个字，让后面的面试官知道自己应该重点考察什么。

打分

在面试结束后，最重要的工作就是打分。一般来说，分数可以这么设计：0分，不合格；1分，合格；2分，优秀。如果出现一个评分项目不合格，就可以"一票否决"。（当然，具体的尺度，各企业可以根据自己的情况调整。）

打分要注意四点：首先，不要当着候选人的面打分，万一不小心被对方看见分数就略显尴尬了，最好是等候选人离开面试地点之后关起门来打分。其次，如果是多人同时面试，要先各自打分，然后再各自发表意见、对比打分。否则就极有可能发生级别高的面试官影响了级别低的面试官的打分结果的情况。再次，打分的唯一依据是《面试清单》上画像的标准描述。面试官在清单上打的最终分数不能按照自己的标准来，否则必然造成同样一个候选人，换个人面试结果不一样，最终无法决策的情况。最后，建议企业要回收面试官签字确认的《面试清单》。一方面可以作为面试官资质考察时抽查的项目，另一方面

可以作为员工档案保存，以备将来员工离职的时候，把面试情况和员工表现进行对比，对面试进行反思和复盘。在前言里我们就提到，中小企业招聘和大企业有一个很大的区别。大企业人才不愁，更多时候是"择优"，而中小企业知名度有限，做的是"汰劣"，把明显不合格的拦在外面是面试的主要工作，差不多能用，那么拿来就用。所以，对于录用了的员工，面试是一个发现他们短板在哪里的机会窗口，详细记录下他们将来工作中可能会出现问题的地方，这样也能够在将来他们入职后，更好地发展培养他们。

5.5　面试官的四大重要工作之核实

在行为面试中，面试官还有一个重要的工作，那就是进一步挖掘候选人能力的同时，识别候选人案例的真假。很多候选人面试经验丰富，能把一分的东西吹成十分，甚至凭空捏造出一些成功案例。反正面试就是讲故事，讲得生动好听，拿下 Offer 再说。不少候选人利用中小企业 CEO 求贤若渴的心态，满口跑火车，把自己包装成职场成功人士，骗了上家骗下家，倒也在应聘场上混得风生水起。但倒霉的就是用人企业了，错误的人才浪费了企业的资源不说，更重要的是，耽误了宝贵的发展时间。所以，在面试中有效识别候选人有没有撒谎就极为重要。

如何识别候选人到底说真话还是在撒谎呢？在《三体 2：黑暗森林》这本书里，刘慈欣借资深警长大史的嘴，说出了一个用在面试上或许不恰当但是道理是相通的方法："拉单子"。

　　"这样，我给你讲讲审讯的几个基本技巧，你以后有可能用得着，到时知己知彼容易对付些。当然，只是最基本最常用的，复杂的一时也说不清。先说最文的一种，也是最简单的一种：拉单子，就是把与案子有关的问题列一个单子，单子上的问题越多越好，八竿子刚打着的全列上去，把关键要问的混在其中。然后一条一条地问，记下审讯对象的回答，然后再从头问一遍，也记下回答，必要时可以问很多遍。最后对照这几次的记录，如果对象说假话，那相应的问题每次的回答是有出入的。你别看这办法简单，没有经过反侦查训练的人基本上都过不了关，对付拉单子，最可靠的办法就是保持沉默。"⊖

　　行为面试当然不是"审讯"，但是在校验候选人回答真实性的时候，用拉单子似的方式进行追问、校验，却是一个非常好用的方法。

　　面试中常见的虚假行为有三个层次，分别是："无中生有""瞒天过海"和"张冠李戴"。

　　"无中生有"是比较初级的造假行为。通过编造一个没有发生过的案例故事，把自己包装成目标候选人。例如，一个电商运营总监候选人，明明自己没有负责过产品采购，但是因为看到招聘岗位描述上有"产品采购工作经验"优先的字样，于是就在简历里加了这么一条。或者，明明自己没有拿过优秀员工奖，但还是写在了简历里头给自己加分。甚至还有胆子更大的，明明没有在某个知名大企业工作的经历，也敢往自己的简历上贴这份金。

　　我们可以通过"追问细节"，判断是否"无中生有"。例如，候选人提到了自己有采购工作经验，这可是一个重要的细节。那么，面试

　　⊖　刘慈欣，三体 2：黑暗森林 [M]. 重庆：重庆出版社，2008.

官就可以追问：你当时的 KPI 有哪些？你最主要的供应商是谁？你团队还有哪些人？你接手时采购成本是多少？后来降到了多少？你做了哪些事使成本下降的？这样一串问题问下去，要想做到用虚假的信息来圆谎，他就要撒更多的谎。甚至有经验的面试官，在问下一个案例的时候，还会跳回到前一个案例上，如果是临时编的数字，很可能候选人自己都忘了。

"瞒天过海"这种行为相对就比较隐蔽了。候选人会在说真实案例的同时，塞进去一些虚假的部分，真真假假、真假难辨。比如，一位销售总监候选人在回答如何定一个挑战性的目标并最终达成的例子时，案例的背景、他接收到的任务目标、他随后所采取的行动，都是真实的。但最终的结果部分，增加了 20% 的业绩，从 2 亿元提高到了 2.4 亿元。或者，一位电商运营总监候选人，在谈自己的店铺管理时说得头头是道，用的也都是真实发生的数字，但是在最后业绩达成上把 2 倍增长说成了 3 倍。

"瞒天过海"的破解方式是："前后对比"。一般来说，不诚信的候选人最容易把假的信息放到结果这一段来说。那么，面试官就要有意地通过推导、拆解，去验证最终的结果是不是属实。例如，销售总监候选人提到自己增加了 20% 的业绩达成，完成了 2.4 亿元，这时候，面试官可以引导候选人一起来拆解一下这 2.4 亿元是怎么来的：开拓了多少新客户、减少了多少老客户流失、新增了多少新品、投入的促销预算是怎么分配的，等等。电商总监那个案例也是类似，流量、转化率、客单价分别增加了多少，为什么这三组数字乘起来是两倍的增长，但他却说是三倍。总之，要想让结果数字站得住，过程数字一定要能够匹配得上，否则就是有问题。

最难识别的虚假行为是"张冠李戴"。候选人的案例从头到尾都是真的，无论是背景信息、目标、采取行动和最终结果。唯一的虚假部分在于，这个案例他只是参与者，而他的前司上级才是真正的负责人。如果不仔细辨别，很容易把"李鬼"而不是"李逵"放进来。

比如，曾经有一位供应链候选人名叫大聪，他在回答如何带领供应链团队应对"双十一"的订单高峰的时候，就是这么"伪装"自己的：

"在 2020 年的双十一，我作为仓库的负责人直接向 CEO 汇报，我要负责每天接近 3 万单的订单发货；去年双十一我们才做了 1.5 万单就爆仓了。我的目标是 0 拖延，100% 产品 12 小时内出库发货。在八月份，我们就开始了行动。我们先是扩充了队伍，加强了培训；然后找到了三个供应链合作伙伴，分担了库存压力；最后上了新的操作系统，最终我们团队成功地完成了这个挑战，我个人也获得了优秀员工的称号。"

听起来是不是还像那么回事？要数字有数字，要过程有过程。上面大聪说的，其实都是他的直接上级——供应链总监做的事。但是，他隐去了他的上级的存在，把自己包装成了直接向 CEO 汇报的角色，功劳都揽到了自己身上。

对这种"张冠李戴"的情况，可以用"切割我们"的方式来进行防范——把候选人和他的上级切割开。在面试过程中，不断地追问："你当时是怎么想的？""你的上级是怎么想的？""你们想法不一致的时候是怎么交流的？""你当时是怎么做的？""你的上级做了什么？""你们是怎么互相协作、分工的？"这一套"组合拳"下去，一般来说，

"张冠李戴"的候选人就很难自圆其说了。

当然，在面试的过程中，"核实"和"引导"要实现平衡。"核实"的部分比重大了，好处是候选人的信息真实性得到了重复的校验，但缺点是候选人的面试体验会很差。他会觉得自己怎么每说一句话都被怀疑，对企业的信任感就建立不起来。这时候，就需要用一些"过桥语言"来"引导"。所谓的"过桥语言"是指一些降低对方期望的话，相当于"把丑话说在前面"。类似于"不好意思，这里我有点不明白……""我可能要问得更详细一些，您不要介意……""我接下来会问很多细节，确实我对您的工作不了解，请您畅所欲言"，等等。这样可以让过于紧张的气氛得到一定的缓解。如果面试结束了，不管面试过程中有没有发现候选人撒谎，都应该很大度地安抚一下候选人，解释一下问得这么细也是为了更好地理解对方，请他不要介意，等等。

5.6　如何识别求职动机：三个问题和两个关键考察点

在第 4 章我们提到，评估候选人求职动机有情感、发展、健康、家庭和收入等五大方面。在招高管人才的时候，重要的不是"说服"候选人放弃或者改变自己的激励动机，而是要借面试的机会，把彼此的期望和能给的东西讲透，达成"心理契约"。企业要知道候选人为什么来，候选人要知道企业这里有没有他想要的。但是，在考察候选人求职动机的时候，很多 CEO 面试官喜欢直接"听对方怎么说自己的动机"，把听到的"动机"就当作真实的。比如前面提到的 Z 总的面试：

Z 总问高明：为什么放弃大企业的工作，来看小企业的机会？高明回答：大企业发展受限，前面几家企业都是外企，管理层都是老外，自己的发展一眼就看到头了。自己希望能够成为销售方面的管理专家，听说 Z 总提供的这个岗位会管理五六十人，比起之前自己负责的工作要更有挑战性，所以来试一下。

问题是高明口口声声说要成为销售管理专家，但他在过往的职业生涯中为此做了什么呢？他今天应聘 Z 总这样的小团队，可以说自己是为了小团队有更大的管理权限，明天应聘其他大企业，又可以说看重大企业的平台等。要不是这次跳槽（后来了解到他其实是被公司解聘），他也许从来不会考虑 Z 总这样的小团队，他只不过是来这里碰碰运气罢了。而且高明在后来跟 HR 谈薪的时候表现出的斤斤计较，更佐证了他的"发展需求"（成为销售管理专家）是伪。

面对候选人的动机考察真伪，下面三个问题可以按步骤提出，分别是：你会给"薪酬、发展、职位、岗位、城市、行业、家庭"怎样排序？你为此做了什么？你想要企业给你什么？

首先，不少候选人会有意无意地陷入"我都要"的怪圈。比如，你问他，你这次换工作主要考虑什么呢？他可能会说：看重你们平台的发展。那么，你再问：工资是不是考虑的因素呢？他会接着说，工资也是很重要的。如果再问：我们这个工作为了让你更好地发展，可能会把你调到我们总部所在的另外一个城市，你会考虑吗？他的答案又变成了：不予考虑。这个时候，面试官可以让候选人做排序题，而不是多选题。比如，请你把"薪酬、发展、职位、岗位、城市、行业、家庭"这几个点排个序。你这次跳槽看重的点从高到低会是怎样的？这样就逼着候选人必须做出取舍，从而帮助企业更好地判断其求职动机。

接下来就是追问：你为此做了什么？

除了刚才提到的高明的例子，类似在动机"言行不一致"的常见现象还有：

一位人力资源经理在面试 HRBP（Human Resource Business Partner，人力资源业务伙伴岗）时，说自己要成为懂业务的人力资源专家。但在过往的工作中他从来没有主动承担过业务部门的合作项目，也没有到业务部门轮过岗，或者哪怕是见习的工作。

销售经理面试销售总监的工作，说自己希望带团队，但举不出过往担任销售经理一职的时候是如何培养自己的下属的。

一位大公司的职业经理人说自己这次跳槽更看重企业平台的未来，结果谈薪的时候差了 500 元死活谈不下来。

一位产品经理说自己的职业规划是成为运营专家，但是过往一年没有自己掏钱学过哪怕一门和运营相关的线上或线下课程。

…………

只要是候选人在面试中的"怎么说"，没有找到"做了什么"与之对应，那么，这条动机就应该存疑。

第三个问题"你想要企业给你什么"，可以帮助候选人和企业初步达成心理契约，同时管理候选人的期望。如果候选人的需求企业一时满足不了，也建议坦诚告知。比如，候选人就是冲着高收入而跳槽的，而企业现阶段现金很紧张，只能够提供一定的期权，则应该坦诚地把情况和候选人说明白。要知道，候选人接受了 Offer 只是"万里长征"的第一步。之后他入职了，如果发现你许的诺都兑现不了，那么他迟早会离开。反过来，如果候选人要的恰好就是你能给的，则要趁热打铁，达成共识。例如，候选人看好企业所在的行业，但是没有相关的从业经验，只有一定的岗位经验（比如一个 HR，想从消费品跳到医疗，行业经验一般，但岗位经验丰富）。这时候，面试官就可以把企业在行业的良好发展态势作为卖点进行着重宣传。

关于候选人跳槽动机，还有两个关键考察点。

考察点一：候选人每一次离职的理由。不少候选人都会找很多冠冕堂皇的理由，如：为了更好的发展，前公司项目遇到困难裁员，为了换城市，等等。作为面试官，要看出"被动跳槽"和"主动跳槽"。例如，前公司裁员、项目受挫、候选人表现不佳被开除、没有找到发展方向等这些无目的的，都属于被动跳槽；为了有行业经验从甲方跳到乙方（或者反过来）、为了获得更高职位从一家大企业跳到小企业、为了转行从 A 企业换到 B 企业等有明确目的性的，则称为主动跳槽。对于工作十几年、跳槽若干次的高管人才，如果每次都是"被动跳槽"，这至少说明这个候选人眼光、自我规划等是有严重问题的。如果是主动跳槽，则应该核实候选人跳槽的轨迹是不是有迹可循，从而判断他的动机的真实性。例如，这次跳槽是为了转行，下次跳槽还是要转行，这就说不过去了。看起来每次都是主动跳槽，但实际上还是自己没想清楚。

考察点二：面试快结束的时候，面试官可以问候选人"你有什么问题要问我"。一般而言，面试中总是面试官问得多，候选人回答得多。面试结束环节安排这样的问题，给予候选人一个主动提问的机会，可以有效地挖掘候选人的需求。例如，关心薪酬的候选人一般会对工资构成感兴趣，而关心发展的候选人则会提"公司能给员工哪些培训"之类的问题。

5.7 如何识别价值观：成功背后

对于高管，能力其实都差别不大，最终决定他们能和企业、和 CEO 一起走多远的，主要还是价值观。这是因为价值观是人行为规范的最底层逻辑，是日常决策的出发点。如果价值观不匹配，高管和企业之间就容易发生磕磕碰碰。但更郁闷的是，高管和企业都没有错，这是一个无解的困局。例如，曾经有一位非常优秀的职业经理人 L 总，在 500 强企业以及从零到一的创业企业都工作过，并取得过不俗的成绩。但是，在跳槽进入一家互联网电商巨头担任首席营销官工作后，就遇到了严重的水土不服。这家企业是个典型的"客户第一"型企业，只要客户有要求，不管加班加点合不合理，必须无条件满足。但 L 总十几年一直就职于"员工第一"型的企业，强调员工的能动性、弱化 KPI。在委屈自己大半年之后，L 总还是选择了离开。离开的时候，公司上上下下都不能理解，因为 L 总的团队业绩是全公司最好的。后来他和我们提到，如果当时面试的时候能够对彼此的价值观有所了解，他可能一开始就不会进入这家企业。

就如同我在前面章节提到的，企业价值观分为方向类（企业为谁服务？为谁创造价值？使命愿景是什么？是客户第一，还是员工第一，抑或是股东第一？）和方法类（如何实现使命愿景，包括：质量优先？成本优先？环保优先？用户体验优先？等等）。员工个人的价值观也可以这么归类。如果他在一个和自己价值观相悖的地方工作，只会浑身不自在。所以在硅谷流行这样一句话："坚持你的价值观，等着被公司开除。"说的就是优秀的员工，他们宁可选择被公司开除，也要坚持自己的价值观。

但是，就是这么重要的价值观，很多企业在面试的时候，要么缺少考核，要么选择了完全错误的方式。最常见的，在面试中，不少CEO喜欢用"表态类"的问题来考察候选人，比如：

- ▶ "你接不接受加班？"
- ▶ "你愿不愿意为企业付出？"
- ▶ "如果公司有贪污的现象，你愿不愿意和这种行为做斗争？"
- ▶ "你可不可以接受成本第一这个理念？"

这种问法有两个错误结果：一是这明显是在引导对方"迎合自己"，这种问题的标准答案，聪明的候选人不可能不知道，所以根本考察不出来候选人的"价值观"；二是通过这种方式不但考察不出来候选人的价值观，也没有能够让候选人对企业的价值观有充分的认识。

在考察过程中，企业要学会从成功或者失败案例的成长轨迹中，评估候选人的价值观倾向，并且开诚布公地呈现自己企业的价值观，避免双方的误判。

首先是对候选人的价值观进行评估。

"价值观"虽然是个"观"，但是对价值观的考察，与对能力的考察一样，要落到案例背后的行为上。换言之，没有必要专门针对价值观去让对方表态，而是可以在行为面试的过程中，依托原有的案例进行追问考察。具体来讲就是：要特别关注候选人对于自己的成功案例的反思。因为这种成长当中的"路径依赖"，能够进一步加强候选人的价值倾向。例如，对于"方法类"价值观，如果这个候选人一直就是在"使命必达"的组织里成长起来，他能举出十几个职业生涯中如何克服困难、不计代价达成目的成功案例，那么他在未来遇到困难时，首先想到的还是"使命必达"。但是如果他突然要进入一个强调"过程管理"，不那么追求结果目的的组织，自然会处处碰壁，有劲使不上，这个时候组织就不应该录用他。但是，如果候选人对自己成功案例的反思是：自己本应该可以选择不用那么"为了达成目的不择手段"的方式去完成任务。而且他在以后的案例中的确也这么做了，那说明他的价值观是可以被塑造为"过程管理"的。

所以，在面试的时候，都可以在候选人说完每个案例后，追问一类反思类的问题："如果你重新做一次的话，你会如何做来做得更好"或者是"你从这个案例里学到了什么"，然后通过候选人的自我反思，判断他的真实价值观。

阿布是一家互联网企业的项目总监，他在一次应聘一家新媒体平台电商总监的面试中提出自己有很强的"打破常规"的创新意识，希望能够应聘这个岗位。从业绩上看，阿布在前公司的确有非常拿得出手的创新项目业绩。不过，在询问阿布对成功案例的反思时，我们发现，无一例外地，阿布都提到了，自己当时可以在执行上做得更好一些、有哪些细节当时没有考虑周全等。非常明显，阿布真实的"方法类"价值观，应该是"合规守纪"，而非"打破常规"，他到这家创意型企业应该会非常不适应。结果果不其然，阿布虽然最终还是拿到了Offer，但是很遗憾，在这个强调创意、打破常规的平台上，他一下子迷失了方向，三个月后草草离职。

基于高管的特点，我们整理了三种中小企业要高度注意求职者价值观的情况供参考：

（1）不是在同一家企业升职上来的高管要慎用。职场上有一种

"超级万金油"类型的求职者，他们的履历是通过换一家企业升一级来实现的。比如，在 A 企业做主管，跳到 B 企业做经理，然后到 C 企业升任总监。他们求职的动机非常明确，那就是刷简历，而不是和一家企业一起成长。他们往往没有打过恶战，忠诚度也得不到充分证明，他们的价值观往往是"投机取巧"而不是"扎硬寨，打呆仗"。

（2）只在一家企业或者一个岗位工作过的高管要慎用。他们对于价值观多样性的认知不足，会天然地以为自己一直待的那家公司的价值观是普遍适用的，只要和那些价值观不一样的就是错的。一旦找错了参照物，他们就会陷入深深的怀疑之中——一定是你们企业错了，而不是我错了。

（3）说不清楚个人职场使命愿景的高管要慎用。如果说刚毕业的应届生说不出自己将来要做什么还情有可原，但是对于一位职场上拼了十几二十年的高管，还提炼不出自己的个人职场使命愿景的话，那么企业确实要谨慎使用这个人。一方面有可能他的大局观、前瞻性有问题；另一方面他的稳定性也会有问题，别的企业可以轻易地用其他东西把他吸引走。

最后，如果在面试中，发现高管能力、动机都符合要求，但是就是价值观和企业不匹配。那么，该不该录用呢？如果这个问题问阿里、华为这种价值观已经成型、企业发展也不缺人才的成熟企业，答案一定是：不用。不过，对于价值观尚未完全定型、本来还缺人的中小企业，我的建议是：不要那么"教条主义"，而可以试着"限制性使用"。例如，试着聘用他们成为企业的顾问，而不是正式员工；把他们独立封装在某个小业务单元里，不对太多人产生影响等；在某个阶段使用，等企业上了规模再逐步替换；给他配备与企业价值观契合、认同感高的副手等。总之，用人所长，一切以创造价值最大化为指导，毕竟生存下来才是硬道理。

价值观考察还有一个重要的工作，就是要开诚布公地和候选人沟通企业的价值观。

拿"你愿意接受加班吗"这个问题来说。很多 CEO 面试的时候爱问这个问题，背后的苦衷我们都很清楚——创业企业没有系统、没有资源，靠什么弯道超车，那还不是凭着对使命愿景的一腔热血和不计成本的时间、精力投入。与其让候选人盲目表个态，不如把丑话说前面，把企业真实的工作时间、工作压力和价值观倾向介绍清楚，坦诚地让候选人知道创业企业的价值观，是否可以接受，请他想清楚了再来。

5.8　面试的流程安排

面试也应该遵循一定的流程，不同的角色在面试流程中考察的侧重点是不一样的。一般来说，一次高效的完整的中小企业高管面试应该包含人力资源电话面试、人力资源和直接上级一面、CEO 二面（如果直接上级就是 CEO 则可以和一面合并）和外部顾问或内部高管的三面。之所以把面试拆成多个环节，而不是一上来就见 CEO，通常是为了节约管理层的时间。由 HR 部门招聘经理先进行初步接洽，可以在电话中先了解对方的求职动机、薪酬范围、工作背景。大致匹配后，推荐给 HR 负责人和业务部门负责人进行专业硬技能、软技能和价值观上的把关。HR负责人和业务部门负责人合并面试，是为了节约候选人的时间，这样就没必要让其跑三四次来面试。

此后的第二轮面试，由CEO对候选人的价值观和综合能力做进一步的评估。最终如果有条件的话，请外部顾问或其他业务合作伙伴方的负责人进行跨部门面试把关。值得强调的是，很多优秀的公司都有一个跨部门的面试。这个面试并不是考察候选人的能力——它们在前面的流程中已经完成了。这个环节，是让候选人对将要合作的同事彼此之间有一定的了解。用阿里的话说叫"闻味道"，看看大家愿不愿意和这个人一起工作，Facebook也有这样的文化传统。这一轮面试就是闲聊，面试官判断的唯一标准就是现有员工愿不愿意和这位候选人交朋友。具体哪个级别的候选人建议由公司什么层级负责可参考表5-5。

表5-5   不同级别候选人面试官层级表

候选人	简历筛选	第一轮面试	第二轮面试	第三轮面试	其他
考察点	初步判断动机、薪酬范围、工作背景、经验的匹配度	专业硬能力、软技能、价值观	价值观、综合评估		进入薪酬、工资证明等流程
总监级	HR招聘经理电话面试	用人方 业务副总裁+HR副总裁（同时）	CEO	外部顾问其他副总	
经理级	HR招聘经理电话面试	用人方 总监+HR（同时）	部门副总裁	其他总监	

在面试中，应当严格遵循两级管理制度，即CEO是总监层的录用最终决策人，副总裁是经理层的录用最终决策人。每一轮面试完成以后，都应该由上一轮面试官完成候选人《面试清单》的记录和打分，并签字后交由人力资源部留档。

5.9　高管的背景调查

如果候选人通过了所有的面试，是不是就完事大吉，准备录用了？我在上文中提到不少候选人"撒谎"的案例，有一些是通过背景调查（以下简称背调）后才发现出来的。因为面试毕竟只有一两个小时的时间，要想完全看清一个人是很难的。少部分不诚信的候选人，就利用了丰富的面试经验钻了这个空子，成为面试中的漏网之鱼。补救的办法当然有，那就是背景调查。

对于一些成熟的大企业，往往会聘请专业的背调公司，即使付出不菲的费用，也要确保高管在面试中的表现是真实的。但是对于中小企业，通常没有这方面的预算和资源，就往往只能靠 HR 来跟进背景调查了。即使是这样，简单的背调也依然可以扮演重要的角色——它给候选人传递一个明确的信息：不要糊弄公司。一般而言，简单的背调有两种做法：一种是正式背调，一种是非正式背调。

正式背调请见附件《背景调查问卷》，如下所示。

附件：背景调查问卷

背景调查问卷

致推荐人

　　兹有候选人_____，应聘我公司_____岗位
工作。为了便于我们更好地了解应聘者，做出对双方都更有利的选择，
我们希望您能如实推荐。

　　同时，衷心感谢您在百忙之中拨冗填写本推荐信。请您完整填写
下列内容，如果您有其他补充，请附在表后。推荐信请直接发 E-mail
到 open@×××.com。

　　谢谢！

您和候选人认识已有多长时间？您和他（她）是什么关系？

_____

_____

您对候选人的印象是什么？

_____

_____

_____

请您评价候选人的优缺点（三项主要优点和三项不足）。

_____

_____

_____

_____

如果有机会你是否会继续和候选人再次一起工作？

_____

_____

候选人当时离职的主要原因是什么？

_____

_____

请就以下各项对被推荐人进行评估。

能力与特质 （根据公司要求填充）	优秀	平均	低于平均
职业操守			
压力管理			
团队合作			
……			

其他您认为有助于我们对被推荐人进行正确评价的说明。

_____

_____

_____

_____

推荐人签名：_____　　日期：_____

您的职务：_____　　您的办公电话或手机：_____

您的 E-mail：_____

HR 可以要求候选人提供前公司人力资源部负责人或上级的联系方式，然后通过电话或者邮件的形式，邀请候选人前公司人力资源部负责人填写上面的问卷。如果候选人在职位、薪酬等方面有造假行为，或者有严重的违纪案例，则要么不愿意提供联系方式，要么可以通过前公司人力资源部或上级反映出来。值得注意的是，有些"心怀鬼胎"的候选人会以自己目前还未离职不方便做背调为由，拒绝背调。其实这个理由是站不住脚的，因为背调不一定非要在入职前完成。如果候选人有履历造假行为，属于有重大过失未告知，即使入职后企业也可以解聘。

除了正式的背调，还有一种见效快、成本低的背调方式，那就是非正式背调。通过拓展人脉，询问候选人的口碑。职场圈子其实比想象的要小，不少来自同一企业的员工彼此都认识。有的时候来自候选人合作者的真实反馈，要比正式背调中"例行公事"的反馈更能说明问题。

◤ 本章小结

面试就是一个对硬技能、软技能、动机和价值观四方面进行考察的过程；面试官在面试中要做好引导、记录、打分以及核实四类工作；面试硬技能、软技能时，不能问"假设性"的问题，而应该通过候选人过往的行为表现，对比人才画像，进行判断；可以通过三类问题（你如何排序？为此做了什么？你需要企业给你什么？）两个关键考察点（每次跳槽的原因和有什么问题要问面试官），来考察动机类问题；通过候选人过往的成功经历判断他的价值观；最后用背调来把好最后一关。

本章的最后是关于"人才识别"部分的行动计划清单（见表 5-6）。

表 5-6 **人才识别行动计划清单**

项目名称	描述	建议负责人	落地时间表
面试清单	针对一个关键岗位人才画像设计面试清单	HR	
面试官认证	组织一次面试官认证，接受过培训认证的面试官才允许参加招聘	HR	
面试流程	设计不同级别的候选人的面试流程	HR	

识 / 别 / 篇（内）　**内部人才选拔**

除了外部招聘，内部选拔也是中小企业人才的重要来源。不过，很多中小企业常常陷入"选不出人""不知道怎么选人"的困境。在服务中小企业的过程中，我们发现，它们在内部选拔人才时主要会犯以下四类错误。

（1）人才没有分层。没有分层会导致三个问题：①人才缺少晋升的通道。企业没有设计人才分层，人才自然无法得到有效的晋升。②错误的人才对标。人才没有分层，容易导致把不同层级的员工混在一起进行对比，失去可比性。③拔苗助长。很多企业家在选拔人才的时候喜欢"一步到位"，比如，某个部门负责人的岗位空缺了，就想着从基层员工中选拔一位候选人补上。殊不知基层员工成长为部门负责人，还有好多路要走，不能违背人才成长的客观规律而"拔苗助长"。就算某次越级提拔侥幸选拔出了某位高潜力员工，但大概率事件是，其他人才选拔依然会失败。

（2）选拔缺少标准。和外部招聘类似，中小企业管理者们往往没有清晰的用人标准，内部人才选拔也会陷入"拍脑袋""凭感觉"的误区。一旦没有明确的标准，企业内部就会开始出现"潜规则"，例如"和上级的关系"、会不会"做人"等非能力因素。同时，由于标准的缺失，下属们想学习成长也缺乏努力的方向。或者，企业是以业绩考核代替了人才考察——员工只要业绩好就可以获得晋升。但我们在第3章里就通过岩石保健品的案例指出，业务高手不等于管理高手。管理高手所需要的胜任力和业务高手所需要的胜任力往往大不相同。盲目提拔业务高手放到管理岗位，企业很有可能除了会多一位不称职的管理者，还会损失一位业务骨干。

（3）考察没有机制。就算有选拔标准，中小企业的管理者们同样缺少正式、非正式的人才考察机制。想得起来，就考察一下，想不起来，可能一年也未必进行一次。而且由于"外来的和尚会念经"这样的惯性思维，企业越来越倾向于外部招聘，而不是把机会留给内部的员工。久而久之，内部的员工缺少晋升通道，也会倾向于通过跳槽来升职加薪，这就形成了恶性循环。

（4）人才没有"校准"。由于"部门墙"的存在，不少管理者倾向于为自己部门的员工争取利益。这就会导致人才变成某个部门或者某个小团队的人才，而非公司的人才。就算选拔出了人才，用人部门也不愿意放人——毕竟可以晋升的员工往往都是自己的业务骨干，一旦他们晋升离开了团队，自己团队就会有很大的人才损失。

在这一章中，我们将介绍四个适合中小企业使用的人才管理工具，分别是分层管理、任职资格、述职答辩和人才校准会，一一对应上述的四类误区。

6.1 分层管理：让人才流动起来

缺少分层管理容易导致团队中的人才失去晋升通道，从而使组织失去活力，像一潭死水。虽然不少中小企业常常对外宣称，要让员工享受到公司快速发展带来的红利，但是大多数情况下，由于缺少一套行之有效的人才流动机制，不少员工只能够通过跳槽来获得晋升。这样，即使是外部招聘来的所谓的"高手"，也会很快沦为"一次性人才"——刚来的这一年半载，对企业有新鲜感，而且刚刚加过薪，积极性稍微强一些，新鲜劲儿一过，人才还是有可能选择离开去寻求更好的发展。

同时，由于对员工缺少层级的划分，很多企业会把高阶员工和低阶员工放在一起进行比较，这对于低阶员工是不公平的。他们拿的工资少，能力相对薄弱，企业对他们的期望值理应低于高阶员工。在极少数情况下，个别优秀的低阶员工有可能脱颖而出，可以越级提拔，但在大多数情况下，还是要把不同层次的员工放在各自的级别内进行比较才有意义。

最后，如果缺少分层管理，就会出现拔苗助长的现象，违背员工学习成长的规律。一般来说，传统意义上的职场成长路线——一个人从学校毕业后，在公司从助理、专员，到主管、经理，再到总监、总经理，背后是有一定的内在逻辑的。一味地拔苗助长，容易让员工压力过大，从而失去学习、成长的动力。

不少中小企业担心团队分了层级之后，会出现大企业的"官僚主义"问题，人人都是"经理""总监"，大家都是"官"，没人干活了。其实这种顾虑大可不必。团队分层的目的不是要凭空加出管理的层级，而仅是把员工根据其能力、经验进行职级上的区分，并没有改变原有的汇报关系。要想更好地理解分层管理，我们首先要了解不同层级的员工，在工作上到底有什么区别。

对于中小企业，我们建议分为基础、进阶、高级、精通和领军五个梯队即可，分别用ABCDE作为代号。A级（基础层）的员工，是通常职场意义上的助理、专员岗，他们的特点是要在他人的指导下工作，工作的周期往往是以天、最多以周为一个周期。例如，电话销售专员，他们的工作就是把每天分配的电话打完；招聘专员，负责把一周内的面试面完等。企业想安排他们做一个月度绩效提升计划、半年度工作计划之类的，他们往往是难以胜任的，因为他们在工作上是"生手""新手"。

B级（进阶层）的员工，是通常职场意义上的主管岗，他们的特点是，可以独当一面进行工作了，不再需要上级的耳提面命。不过，他们也无法有效地指导他人工作——最多是指导个别资历浅的A基础层员工，他们的工作以月为周期。例如，销售主管，可以制订月度客户拜访计划并有效执行；招聘主管，可以制订月度员工招聘计划并有效执行；等等。但是，他们是很难提出一个季度甚至年度的团队级别的发展计划的，他们在工作上算是"熟手"。

C级（高级层）的员工，是通常职场意义上的经理层，他们的特点是可以指导团队工作，而且，他们的工作以年为计划、执行的周期，他们能够胜任某个业务模块的完整工作。例如，电商运营品类经理，需要能够制订销售团队的年度发展计划，包括商品策略、流量策略、转化策略、活动策略，等等。人力资源经理，需要制订年度的招聘计划、培训计划，等等。因为对某个模块的具体工作很熟悉，他们已经"熟能生巧"，成了"巧手"，所以可以指导团队如何更好地用"巧劲"去工作。

D级（精通层）的员工，是通常职场意义上的总监、总经理层，他们的特点是可以指导部门工作，并参与公司战略的制定和解码。因为涉及战略，所以他们的工作计划周期往往是 1 ～ 3 年。同时，由于这个层级的员工，需要大量参与跨部门的沟通，所以，他们的视角不能仅仅局限在某个业务模块里，也要能够对其他业务模块有所了解，是"通才"。例如，销售总经理，除了懂营销，往往还需要有市场、运营等的轮岗经历，懂得财务、人事方面的管理工具的使用；人力资源总监，除了懂人力资源，还要懂销售、市场等一线业务。

E领军层，是通常职场意义上的核心决策层，例如公司 CEO、副总裁、合伙人。他们要为公司的商业模式设计、战略规划负责，往往要看出 3 ～ 5 年的未来趋势。他们要成为"跨领域"的专家，整合行业与行业间的资源和机会。

分了层，还可以进一步分级。比如，A 层里，可以进一步分出 A1 初级助理、A2 助理、A3 高级助理、A4 资深助理；D 层里，可以分出 D1 副总监、D2 总监、D3 总经理等。同一层的员工，之所以级别不同，是因为他们的司龄、工龄等不一样，企业可以把这些要素作为调节阀门。例如，小张和老黄评估下来都是主管 B 级别，两人能力也差不多，但是，小张在公司工作了 6 年，老黄在公司工作了 15 年，那么，就可以把小张设为 B1 助理主管（主管的第一级），老黄为 B4 资深主管（主管的较高级）。当然，到底每一层有多少级，可以根据公司的实际情况进行分配。

　　分了级，还可以分序列，比如，擅长做管理的员工，可以引导他们往管理序列发展；擅长做研究、带项目，但不擅长带人的员工，则可以引导他们往专家序列发展。两条序列考察方式不同，但是只要是同一层级，薪酬大致相当，既体现了企业对人才发展的宽容、选择性多，也体现了用人的严谨性和公平性。例如第 3 章里提到的业绩优秀，但是管理潜力欠缺的岩石保健品销售经理小 M，就可以安排她往销售专家序列发展，继续向外聘的销售总监汇报，而没必要把她提拔到团队总监的管理位置上（见图 6-1）。

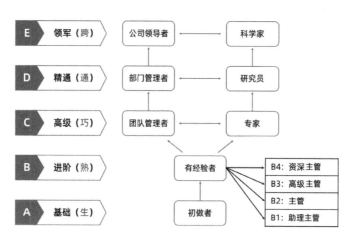

图 6-1　员工分层管理机制

　　层级是一把"尺子"，有了层级，企业就可以开始进行薪酬的标杆管理。例如，C 高级层，C1 经理的月薪酬下限是 10 000 元，上限是 13 000 元。此时，外部聘请了一位期望薪酬是 14 000 元的员工，企业就需要进行评估，这位候选人的能力和现有的 C1 代表性员工相比，是否超出了 C1 的范畴。如果超出了，那么，则需要给对方定级为 C2；而如果没有，那么，贸然引入就会打破内部的平衡。这样在引入人才的时候，就可以有效地避免招聘经理受对方的"期望工资"的影响，不是从候选人真实的能力出发进行定薪（见表 6-1）。

表 6-1　薪酬带宽与职级的对应关系表

层	特点	管理序列	专家序列	级	薪酬带宽	代表员工
E 领军层	指导他人工作 以 3～5 年为周期 "跨领域"	CEO	首席科学家	E3		
		……	……	……		
		副总裁	科学家	E1		
D 精通层	指导部门工作 以 1～3 年为周期 "通才"	总经理	资深研究员	D3		
		……	……	……		
		副总监	研究员	D1		
C 高级层	指导团队工作 以季度、年为周期 "巧手"	资深经理	资深专家	C4		
		……	……	……		
		经理	专家	C1	10 000～ 13 000	
B 进阶层	独当一面 以月为周期 "熟手"	资深主管		B5		
		……	……	……		
		主管		B1		
A 基础层	在他人指导下工作 以天、周为周期 "生手"	资深助理		A6		
		……	……	……		
		初级助理		A1		

关于员工分层，有三个注意事项：

（1）符合每一层特点的员工，无论他工作了多久，都应该归到这一层里。比如，不是只有刚毕业的学生才是 A 基础层，如果一个工作了十年的电话销售专员，他的工作还经常离不开上级的指导，同时，只能够完成最多一周的计划，那么，他依然属于 A 基础层——他只不过把一年的经验重复了十年而已。而如果一个只工作四年的员工，的确表现出了极强的专业能力，是某个领域的专家、"巧手"，可以胜任指导团队的工作，那么就应该定为 C 高级层。

（2）层里各级的晋升，原则上应该先快后慢。比如，在 A 层里，只要员工没有犯错，完全可以 3 个月到半年就升一级。这样让员工感到跟着公司发展特别有成就感，得到即时满足。而到了 C、D 层，例如，D1 副总监升 D2 总监，建议至少设计 1 ～ 2 年的任期进行考察，只有达到了业绩标准，才有资格获得下一次晋升。因此，A、B 等层可以有 5 ～ 6 级，而 D、E 等层，一般只有 3 级。

（3）层与层之间的跨层晋升，要设计任职资格进行严格考察。例如专员升主管、经理升总监等，由于工作性质发生了较大的变化，这个时候企业必须要管好晋升的标准。在 6.2 节"任职资格"里，我们会具体展开。

6.2　任职资格：内部人才选拔的用人标准

企业内部提拔人才，如果缺乏标准，会有什么后果？

大地电子创始人刘总最近遇到了一件烦心事，公司负责仓库的总监离职了，经过评估，他认为这个岗位完全没有必要从外部招聘，而且也不需要一个高配的总监，经理就可以胜任这个工作，现在只需要内部选一位经理转岗过去即可。大地电子也搭建好了人才池，但是，他问了一圈储备干部谁愿意去接手仓库，没有一位经理主动站出来，他非常失望。这是因为，仓库地处郊区，而大部分经理都不愿意去那里上班。于是，刘总拿出了两万元钱，他宣布，谁愿意去仓库，就奖励他这两万元。果然，好几位经理表示愿意去。出乎所有人意料的是，刘总立刻改变了主意，他生气地把这些下属骂了一顿："你们就是冲着这两万元钱去的，你们严重违背了公司先奉献后索取的价值观！"

从刘总的角度看这个问题，确实有值得他生气的一面：我把你们当人才，结果公司遇到困难了，你们无动于衷。等我掏出了钱，你们就开始蠢蠢欲动了？但是，从企业的角度看，刘总这样"考验人性"的做法，实在是不可取的。因为没有把游戏规则在一开始和团队说清楚，这种上下级的猜忌就会打破彼此的信任。解决的方法，其实非常简单，比如，把"到仓库轮岗一年以上"，作为人才池高潜力经理晋升总监的前置条件之一。这样既把游戏规则向团队讲清楚了，又符合了企业"先奉献后索取"的价值观。

任职资格就是这样一套人才晋升的标准，它是指：从事某一职类或职种任职角色的人必须具备的知识、技能、能力与行为的总和，和面试清单是一个硬币的两面，是冰山模型在内部人才选拔方面的运用。它由硬技能、软技能、硬指标、价值观一票否决项四类考察因素构成，并且员工需要通过一系列符合"要求标准描述"的"交付物"，类似于"论文答辩"的方式，向人才管委会证明自己可以胜任某一层级的工作。换言之，把晋升"候选人"变成了晋升"申请人"，员工要自己"申请晋升"，证明自己具备要晋升的下一岗位的任职资格。

任职资格表的横轴依次是"对某个考察项目要求标准的描述""交付物""证据来源""自检得分""认证得分"。

"对某个考察项目要求标准的描述"是指，企业需要把某一个层级

的具体要求设计出来后告知员工，而且描述要尽量清晰。例如，一位
B 级销售主管，他的硬技能要求中有一条关键任务，是了解客户需求，
从而为后续的销售工作开展做准备。但是我们在描述要求时不能笼统
地说，销售主管要了解客户需求——这相当于没说。要想真正把一个
岗位需要完成的关键任务即硬技能描述清楚，在实践工作中，我们发
现，抓"输出"而不抓"输入"是一个很好的方法。比如，"了解客户
需求"就是一个"输入视角"——了解了需求，那又如何？而能够通
过《客户拜访记录表》的要求，对目标客户需求进行搜集，才是一个
"输出视角"。我们把《客户拜访记录表》这种记录员工工作产出的工
具叫作"交付物"。

在进行标准描述时，可以参考以下例句：通过 ×××（交付物），
达成 ××× 的工作结果。以上述的 B 级销售主管为例，这时候我们
就可以这样描述："能够通过《客户拜访记录表》，对目标客户的需求
进行有效搜集。"

那么对于硬技能的交付物如何取证呢？我们可以到公司的 CRM
（客户关系管理）系统内，抓取员工当时维护的客户信息，判断是否达
到了公司的要求。这就是"证据来源"这一列。"证据来源"除了工作
系统、绩效系统里的历史存档，还可以包括员工交付过的项目资料、
给他人辅导时的课件、课堂照片、轮岗时留下的流程工具、现场照片
等。总之，一切可以证明员工达到"要求标准描述"的材料，都可以
作为有效的证据来源。

对于学习能力、沟通技巧、分析判断等软技能，取证的方式略有
不同。此时一两个交付物不足以证明申请人具备这方面的能力，评委
应该要求他举例说明。申请人可以运用类似于面试中的 STAR 步骤，

把自己如何通过完成某个项目，从而证明自己具备某个软技能的案例介绍清楚。可以在认证清单后附一个案例自述表，请申请人把案例写下来，便于评委们审阅。

在人才管委会正式对员工进行认证之前，员工应该先做一轮自检，先行填写任职资格表，一般来说，得分可以按照"1——不合格，2——较差，3——合格，4——良好，5——优秀"进行打分。员工先自检，在此基础上人才管委会再打分，一方面可以提升员工的自我反思能力，另一方面也可以帮助评委在打分时重点关注低分和高分项目，提高打分效率。

硬技能、软技能的考察，和面试过程类似，需要员工通过举例子找交付物证明自己，这里就不再赘述了。我们重点说一下"硬指标"和"价值观一票否决项"。

"硬指标"是指，除了硬技能、软技能之外，晋升申请人还需要具备的一些基本条件。常用的有绩效、证书、司龄和一些特殊意愿。绩效容易理解，就算一个员工具备了更高级别的硬技能、软技能，但是如果绩效不能排到团队的前列，此时他获得晋升也是很难服众的。证书是指，一些特定岗位的证明，例如财务岗需要会计证、技术开发岗需要通过内部考试等。司龄是对员工忠诚度的一种认可，如果没有司龄的要求，员工刚跳槽过来加了一次工资，干三个月又可以再次晋升，对现有职级体系会带来很大冲击，企业也无法提供那么多的晋升机会。特殊意愿是指，晋升申请人是否愿意接受调动、轮岗、到艰苦地区工作等挑战，这些同样可以成为晋升的加分项。

"价值观一票否决项"是指，人才管委会在答辩开始前，要对晋升申请人进行"背景调查"，如果一旦查明有关于晋升申请人的违背价值观的举报或证据，那么，无论晋升申请人在硬技能、软技能、硬指标方面表现得如何，都不可以获得晋升。

最后，提醒一点，在员工进行任职资格答辩时，评委除了给出"胜任"或"不胜任"的结果，还需要帮助晋升申请人提高，所以，在任职资格认证表的末尾要给出"改进点和改进建议"。表 6-2 是一份《任职资格认证表》的模板。

表 6-2　B 级销售主管任职资格认证表

申请人：　　　　　　　　工号：　　　　　　　　编号：

内容	序号	要求标准描述	硬技能交付物	证据来源	自检得分	认证得分	备注
硬技能	1	能够通过《客户拜访记录表》，对目标客户的需求进行有效搜集	客户拜访记录表	CRM 系统内的客户信息			
软技能	1	学习能力：爱学、会学、应用所学		需按照 STAR 步骤举例说明			
硬指标	1	绩效		查阅绩效评议结果			
	2	证书		查阅档案记录			
	3	司龄		查阅人员信息			
	4	愿到艰苦地区工作		参考工作地意向调查结果			

（续）

内容	序号	要求标准描述	硬技能交付物	证据来源	自检得分	认证得分	备注
价值观一票否决项	1	发牢骚，散布消极情绪					
	2	作风不严肃，自律性差					
	3	爱传播小道消息，如议论待遇、职务、人事等					
	4	违背公司诚信要求及商业行为准则					
	5	违背组织原则，有传播不该传播的工作信息的行为					
	6	有任人唯亲、拉帮结派的行为					
备注：1——不合格，2——较差，3——合格，4——良好，5——优秀			得分合计				

改进点和改进建议

时间：   考评组长签字：

对于中小企业，每一层的晋升需要进行任职资格认证，制定各层级的标准。但是，从简化工作的角度来说，每一级就没有必要再搞一份任职资格了。也就是说，A、B、C、D、E各层需要有各层的任职资格标准，但是，从 A3 到 A4，C1 到 C2，则没有必要再出现级的任职资格差异，级与级之间更多时候依靠司龄进行调节即可。企业的各级人才管委会应该在每年进行一次任职资格标准的评定和更新，确保内部任职资格和外部面试清单拉齐标准。同时，在企业内部也应该进行宣讲，鼓励优秀的员工申请认证。

6.3 述职答辩：管理干部考察的"期末考试"

就算有了任职资格标准，员工是否达到了标准，依然是困扰很多中小企业的大问题。有些企业的做法是 CEO 一言堂，但是 CEO 毕竟不可能掌握所有员工的动态；还有些企业由各级部门管理者各自进行晋升的审批，这也是不对的。人事权是企业重要的决策权，不能够轻易下放，而且不排除个别管理者为了保住自己的位子，故意打压排挤有潜力的下属。在第 3 章中我们提到了人才管委会，它才是企业内对高潜力员工进行考察的最高机构。

一般来说，人才管委会对高潜力员工的考察可以分为正式和非正式两种。正式的考察，就是高潜力员工通过述职报告答辩（以下简称述职答辩），对任职资格进行申请证明；非正式的考察，则包括和员工一起实地工作、对其合作者进行背景调查等。本节的重点是正式的考察，也就是述职答辩。述职答辩要求晋升申请人完整地陈述考察期的业绩表现、任职资格达标情况，同时由人才管委会多位评委一起打分，既保证了公平性，也保证了公开性。

有不少企业把述职答辩当作走过场，既然这位员工已经确认要获得晋升了，那么这只不过是请他做一次述职报告。这种做法会让其他员工对公司的人事制度产生极大的不信任感。也有些企业在员工述职的时候，考察的点和任职资格对不上，或者抓不住述职的重点，评委不知道该如何挖掘晋升申请人的优缺点，使得人才考察最终还是流于形式。

一次完整的晋升申请人述职答辩，至少要从时间、地点、人物、内容、流程这五个方面进行准备。

时间：每位晋升申请人的述职答辩，建议至少1小时，包含20～30分钟自我陈述，20分钟评委提问和申请人答辩，20分钟点评和建议环节。可以一天安排6～8位候选人一起进行，便于评委进行横向对比。一般晋升集中放在年底或年中，不要给团队传递一个随时都可以晋升的错误信号，而是要突出晋升的严肃性和稀缺性。

地点：建议放在有投影仪的会议室，并进行简单装饰，可以挂上"××岗位任职资格述职答辩"字样的横幅，增强仪式感。同时，应该给晋升申请人准备纸、笔用于记录评委建议，准备水、纸巾等缓解紧张情绪。

人物：述职答辩可以分为封闭式和公开式。封闭式答辩是指，除了人才管委会的评委和晋升申请人，不再邀请其他人参与。公开式答辩是指，除了上述人等，邀请晋升申请人业务相关方一起参加答辩，并且他们在现场也有提问、挑战和给建议的权利。这种公开式的好处在于，可以进一步公开晋升环节，并且帮助员工拉齐公司用人标准，同时也可以帮助评委们弥补打分时的考察盲点。答辩中，如果申请人的上级同时也在人才管委会担任评委，建议做出回避（他可以列席参加，但不提问、不打分）。

内容：任职资格述职答辩PPT，至少要准备以下五方面内容，分别是：在公司履历简述、上年度业绩指标达成情况、关键交付物完成情况、明年的工作计划、任职资格自评结果。考察的目的是对应人才盘点矩阵"业绩－潜力"两个维度（详见第3章）。"在公司履历简述"，是为了方便评委了解晋升申请人在公司整体发展轨迹，了解他当前负责的职责范围等。"上年度业绩指标达成情况"，是接着回顾业绩指标，对候选人的表现有一个整体的认知。"关键交付物完成情况"，是针对任职资格认证表里每一个交付物进行展示。（当然，交付物可以提前打包发给人才管委会，避免现场评委对材料陌生，影响评判效率。）"明年的工作计划"，是借述职答辩帮助申请人规划接下来的工作。最后，"任职资格自评结果"，是借此培养申请人提炼自己，学会反思，无论是否晋升成功，都应该对自己有一个清晰的认知。

流程：一次完整的任职资格答辩应该分为预热期、准备期、答辩期、校准期和公示期。在预热期，人才管委会要在答辩前至少一个月公示最新的各层级任职资格，并且由各级管理者对标准进行团队内的宣讲，确认此次参加晋升申请的候选人名单。一般来说，可以由申请人自荐和直接上级推荐两种。（如果企业关键岗位人数不多，也可以全员进行述职，不局限于晋升候选人。）

在准备期，申请人自行进行任职资格述职材料和PPT的准备，如有必要，人才管委会应当给首次参加评判的评委进行一次培训，帮助他们了解任职资格答辩的流程。

在答辩当天，人才管委会应该先举行一个30分钟的会议，管委会主席重申评分标准、答辩流程、参与者名单等。具体答辩时可以按照上述20～30分钟自我陈述，20分钟评委提问和申请人答辩，20分钟点评和建议环节进行。需要提醒的是，在评委提问环节，尽量围绕着任职资格标准进行追问，不要问和标准无关的问题。比如，如果关心申请人在客户需求挖掘上完成得如何，应该就《客户拜访记录表》的细节进行发问，而没有必要问申请人平时和客户喝不喝酒、关系相处得怎么样等。同时，对于一些口才较差、当众发言容易怯场的申请人，评委要给予更多的引导和耐心，因为如果口才不是任职资格的考察标准之一，那么就不应该成为影响答辩的因素。

全部答辩完成后就进入了校准期，管委会对所有申请人进行答辩结果的分数统计和校准（人才校准会），对于有争议的人进行复核，直到评委们达成共识，形成团队的人才盘点矩阵。最后，对准予晋升的申请人名单进行为期两周的公示，无异议后才正式生效、上任。表 6-3 是某公司的任职资格答辩时间表。

表 6-3　某公司任职资格答辩时间表

流程	项目名称	截止时间	负责人	准备材料
预热期	确认半年度晋升名额	6 月 1 日	人才管委会	公司编制预算表
	任职资格答辩启动会	6 月 1 日	人力资源部	最新任职资格认证表
	任职资格辅导	6 月 10 日	各级管理者	最新任职资格认证表
	晋升申请人提报	6 月 14 日	各级管理者	申请人提报表
准备期	任职资格答辩材料	6 月 30 日	晋升申请人	任职资格认证表 任职资格述职 PPT 交付物资料包
答辩期	任职资格述职答辩会	7 月 1 日	人才管委会	同上
校准期	人才校准会	7 月 2 日	人才管委会	同上
公示期	拟晋升名单公示	7 月 14 日	人力资源部	拟晋升名单

在整个任职资格答辩的过程中，难度最大的就要数校准期的人才校准会环节了。各个部门的负责人，往往会出于私心，总是倾向于偏袒自己部门的人才，争抢更多的晋升名额。下面一节，我们就会介绍如何开好人才校准会。

6.4 人才校准会：对人才考察结果进行校验

任职资格答辩结束后，管委会要对评分的结果进行"校准"，以便形成最终人才的任免决议。不过，即使在校准会前，给评委们充分培训了任职资格标准，或者在自己部门的员工汇报时进行回避，在打分的时候，评委们不可避免地会偏袒自己部门的员工，压低其他部门申请人的分数，为"自己人"争取更多的利益。

蓝天商贸是一家销售型公司，CEO 程总就曾经组织过一次"失控"的人才校准会。蓝天商贸去年业绩完成情况一般，全行业实现了同比15% 的业绩增长，而他们只有 5%，远远落后于全行业大盘。销售一部的总监余总，因为业绩表现一般，被 CEO 程总调任销售二部；一部从外部引进了一位销售管理专家谢总；同时，公司新成立了销售三部，晋升了一位高潜经理郑总为三部总监。在刚刚完成的全员述职答辩中，有三位答辩人引起了大家的激烈讨论。

销售一部的 C1 级经理东东，他的业绩表现优秀，但是潜力较差，处在人才盘点矩阵的 6 号位；销售一部的 C1 级经理小马，业绩表现优秀，同时潜力也名列第一，处在人才盘点矩阵的 9 号位；销售三部的 C1 级经理大白，业绩差，潜力也差，处在人才盘点矩阵的 1 号位。如图 6-2 所示：

人力资源总监韩总把问题抛了出来：这三位员工的盘点结果大家如何看待？如无异议我们就将按人才管委会之前商定的，一部的小马作为 9 号员工，立刻晋升，从 C1 提拔到 C2；一部的东东进入人才池继续观察；三部的大白辞退。没想到韩总刚说完，管委会就"炸锅"了。首先发难的是刚刚来的一部总监谢总，自己初来乍到，为了稳住自己的位置，上周他私下里和东东打了招呼，这次东东的晋升申请一定没问题的，没想到大家对东东的潜力并不看好。当然，好消息是自己部门的小马得到了认可。所以，谢总一开始就表达了自己对东东的支持，对评委们的打分表示了质疑。而且谢总还编了个理由：东东这样的优秀的员工，有离职风险，不晋升很可能就跳槽走了。所以自己为了防止东东离开，已经口头承诺他可以晋升了。

	角色	背景
程总	CEO	力主公司推进人才盘点工作，直接带销售部。往年半年业绩只有5%的同比增长，远远落后于市场15%的平均水平。
韩总	HRD	没有人才盘点经验，现学现用。刚整理出来了全销售部的排名情况，来自于述职的潜力打分。有三个人出现争议。
谢总	销售一部总监	销售一部新总监，外聘岗两个月，东东、小马现都在销售一部
余总	销售二部总监	销售一部原总监，现销售二部总监
郑总	销售三部总监	销售三部刚成立，内部提拔上来三个月，大白现在三部

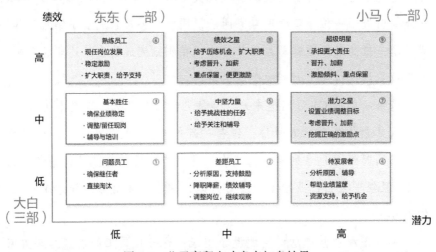

图6-2   蓝天商贸人才盘点初盘结果

二部的余总由于去年业绩不佳，被从业务基本盘一部调到了二部，心里已经憋了一肚子火。东东是他一手带起来的，这次述职评估没有通过任职资格答辩是他没有想到的，他很想把东东调到二部来，毕竟老部下自己用着习惯。另外他和小马素来关系不好，结果小马居然得到了管委会的认可，也让他很不开心。于是，二部的余总开始"支援"一部的谢总，他也认为东东可以晋升。不同的是，他提出要把东东晋升到自己的二部，如果名额有限，那么宁可把小马的晋升缓一缓。他的理由是：东东是北方人，二部很多客户来自北方，调来二部可以更好地发挥东东的优势；另外，他以前任小马上级的时候就发现，小马财务能力较差，在和财务人员对账时经常不能把账算清楚。

结果二部的余总刚刚提出把小马的晋升冻结，把东东调到二部，一部的谢总立刻和他"翻脸"——谢总正要靠东东和小马继续在一部出业绩，东东调走，小马晋升被冻结，自己左膀右臂都被"砍掉"，这怎么行？正当余总要发言的时候，三部的郑总又闹开了，郑总对于把自己部门的大白评为绩效差、潜力低的员工非常不满。郑总甚至放了狠话：要是把大白开除，自己也不干了。

看着吵成一团的人才管委会成员们，程总一筹莫展，HR 韩总也给不出建议，最终只能休会再议。其实，蓝天商贸的这次失败的人才校准会，究其原因，在四个方面：

（1）人力资源部韩总没有在会前掌握足够的私人信息。在第 4 章介绍人力资源部负责人软技能模型时我们提到，人力资源部负责人要有非常强的组织敏锐度，要能够从正式、非正式的渠道，获得团队的动态信息。本案例中东东是否真的有离职风险、二部的余总曾经和小马的私人恩怨等信息，其实都应该在校准会开始之前，给 CEO 程总透个气，打一针"预防针"，避免开会时出现场面失控。

（2）公司的人事制度有漏洞。例如，一部的谢总单独承诺东东这次述职后可以保证他的晋升，这种做法是非常不职业化的。类似于晋升、加薪、调职等人事决策权，应该抓在人才管委会手上，任何高管不可以单独和员工沟通，否则企业在人事方面的权威性就会受到严重挑战。CEO 程总和 HR 韩总，在得知谢总已经承诺东东可以晋升后，应该对谢总提出严厉的批评，甚至进行书面的警告、记过。

（3）CEO 程总没有践行两级管理制度，导致对人才表现的信息权旁落，只好依靠高管在其中"传话"。在校准会的整个过程中，程总基本上插不上话，这是因为程总从来没有和大白、东东、小马中的任何一个人一起工作过，只能是让各个部门的负责人评价自己人，结局必然是先从各自部门利益出发，然后才是从公司的人才角度出发。如果程总确实在会上无法做决策，可以暂时休会，然后亲自和有争议员工一起近距离工作，用非正式考察的方式进行判断。

（4）人才校准会的本质是拉齐对标准和人的认知，而不是任由评委们自由发挥。既然任职资格清单早已确认，而且评委们就是根据标准来打分，那么，最终的分数就应该具备严肃性，而不是在校准时又有新的标准"冒出来"。例如，当余总提到小马对账不清这件事，属于任职资格清单中的一部分吗？如果不属于，就不应该拿出来讨论。

一次完整的人才校准会可以遵照以下步骤：开场，主持人（一般由 HR 担任）介绍此次校准会的会议目标、时间安排、原则和纪律（不能对外泄露会议讨论细节、不能提前把管委会决议传递给下属等）。接下来发起人（一般是人才管委会主席）需要回顾业务目标、组织现状、人才标准等，目的是强调组织、人才服务于业务这个总原则，并且让评委们对标准再次形成统一认知。然后可以开始进入校准，在校准时，需要从员工的业绩回顾、潜力评估、职业兴趣、离职风险、职业发展目标、晋升准备程度等方面，进行综合判断。作为发起人，管委会主席可以善用以下句式，引导评委进行讨论，把焦点拉回到任职资格清单上。

- ▶ "你提到的他的这个问题，是不是会影响到关键任务的交付？"
- ▶ "你说到他的某个能力突出，能不能举个例子描述一下？"
- ▶ "如果他 ××× 方面有问题的话，通过培训能不能提升？"
- ▶ "你为什么认为 ×× 有离职风险？"
- ▶ "如果 ×× 离职了，最坏会有什么影响？"
- ▶ "你认为 ×× 在某个方面能力特别强，你觉得如何在团队中最大化他的影响力？"

关于人才校准会的步骤，详见表 6-4。

表 6-4　人才校准会步骤

议题	负责人	注意事项	时长
开场	主持人	介绍会议目标、时间安排、原则纪律	15 分钟
回顾	发起人	回顾业务目标、组织现状、人才标准等	15 分钟
校准	全体	盘点对象业绩回顾、潜力评估、职业兴趣、离职风险、职业发展目标、晋升准备程度	1 小时
共识	全体	讨论下一步行动计划	30～60 分钟

▪ 本章小结

本章介绍了分层管理制度，让人才能够在内部流动起来；任职资格制度，让人才选拔有了标准；述职答辩，晋升申请人通过向人才管委会对任职资格进行认证，从而有效判断员工胜任程度；人才校准会，有效帮助企业对人才标准和任免达成共识。

本章的最后，是内部人才识别的落地行动计划建议清单（见表 6-5）。

表 6-5　内部人才识别的落地行动计划建议清单

项目名称	描述	负责人	落地时间表
任职资格	- 对于关键岗位设计内部任职资格认证表	HR	
述职答辩	- 设计晋升述职答辩预热、准备、答辩和校准流程	CEO	

落 / 地 / 篇　　高管降落伞

　　招聘是一个双选的过程，企业在选拔候选人，候选人也在选择企业。尤其对一没名气、二没资源的中小企业而言，如何吸引人才在面试中就显得极为重要。不少企业家认为，自己吸引不到优秀的人才，是因为开不出有竞争力的工资，殊不知在人才的决策过程中，薪酬只是其中占比很小的一个因素。很多时候，还没有到谈钱的阶段，候选人在心中已经给企业打上了负面的烙印。就像购物有购物者体验，消费互联网产品有用户体验，面试同样也有面试者体验，它是一个帮助人才落地的重要环节。在面试环节提供好的体验，不但可以有效吸引人才，展示企业的诚意，而且这还是一种低成本的雇主品牌宣传手段。

　　黑米科技是武汉一家自动驾驶视觉识别科技企业。企业历经 10 年研发，拥有从车辆硬件到识别软件的一系列专利。企业甚至专门找了一间 80 平方米的会议室陈列自己的专利证书、黑科技设备，等等。但是，企业从创始人到招聘经理都是"科技宅男"，对雇主品牌建设完全没有任何投入，对候选人的面试体验也没有任何概念。加之地处开发区，很多候选人在初步了解企业之后，都觉得这只不过是一家普普通通的民营企业。结果，等到不少候选人在接受了 Offer 进入了企业，参加了新员工培训，参观了那间会议室之后，才意识到自己有多么幸运，加入了这么一家技术全球领先的企业。后来在我们的指导下，我们把面试的"动线"给改了——让候选人在专利会议室等候面试官。在等候的过程中，候选人就开始了对企业专利和黑科技的零距离接触。在面试正式开始前，不少候选人就已经被企业的实力所折服。此举一下把候选人 Offer 接受率提升了近 10 个百分点。

从候选人面试的旅程角度出发，面试体验有三大环节、七大核心触点。三大环节分别是面试前、面试中和面试后。上面提到的黑米科技就是一个典型的提升面试体验的案例。他们的体验提升点就属于"面试中"这个环节的"面试专业度"这一块——展示企业实力，从而提高了候选人的面试体验。在本章中，我们将从体验的角度，介绍面试体验之旅的三大环节，并重点就面试中和面试后的以下几个体验点展开：中小企业如何有效抓住候选人痛点，提升候选人需求匹配度，打消其顾虑；如何讲好战略故事，提升候选人战略契合度；如何做好"空降兵落地辅导"（见图 7-1）。

图 7-1　面试的用户体验之旅

7.1　人才引进的体验之旅：面试前和面试中

面试前

很多 CEO 不知道，候选人不是等到面试完了才没谈妥，可能在面试之前就已经给企业否定票了。那是因为第一印象对企业的影响是非常大的。有三个触点可以改变第一印象，分别是：介绍人、老板口碑和雇主品牌。

介绍人

不要小看介绍人，一个候选人是由企业的面试经理"打骚扰电话"联系上的，还是猎头公司来找上门的，抑或是行业大佬推荐其去公司面试的，候选人的心态是完全不一样的。我们换位思考，如果一个候选人接到一个电话，电话那头说的是：×× 总，您好，我是 ×× 公司的招聘经理，请问您现在有考虑换工作吗？候选人的第一感觉往往是："你怎么会有我联系方式的？　×× 公司，没听过！"如果是专业猎头打过来的，候选人则多半会耐心听完，毕竟没必要得罪猎头，就算现在不跳槽，将来指不定也有可能。如果是行业大佬推荐，说有个不错的公司请其过去看一看，那么毫无疑问，候选人一般都会卖这个面子。

所以聪明的企业哪怕已经得知了候选人的联系方式，也会刻意在操作上，再找一位德高望重的行业大佬去联系、牵线。这种行业大佬可以是企业的投资人、外部咨询顾问、客户、CEO 的私交朋友，等等。总之，就是要让候选人感受到来自企业的重视，提升他对企业的第一印象。比如，无论是历史上司马徽为刘备做媒介绍诸葛亮，还是现代商业中高瓴资本以价值投资的理念给被投企业推荐高管，都是用这种方法来操作的。

老板口碑

老板口碑，也就是企业 CEO 的管理风格、企业界大家对他的评价等，也会对招聘产生不可小觑的影响。老板口碑是中小企业特别容易忽视的一个触点。对中小规模企业而言，CEO 就是公司的第一代言人。有些 CEO 在招人和管人的时候，往往割裂开来，以为这是两件独立的、互不干扰的事件，在人没进来的时候，态度和蔼可亲，礼贤下士，恨不得把企业说成"天堂"；但是一旦人才加入了企业，CEO 的心态就变了。他们会觉得和下属就是雇用关系："我出钱，你干活；你活干不好，我就可以随时挖苦、责骂、刁难。况且你们高管拿那么高工资，就应该帮我承担压力。"他们对人才的这种不尊重，很容易随着员工之间的"吐槽""八卦"，在职场中发酵，最后反噬老板的口碑，影响到下一波的人才引进。不仅企业会对高管做背景调查，高管们求职之前，也会对企业和企业老板做背景调查。

以我们曾经在上文提到的西风科技为例。我们在辅导企业做人才规划时，CEO 张东提到过一个困惑：他一直觉得奇怪，自己也算是名校背景的创业 CEO，开的报酬也不能算低，怎么招个高管就这么难呢？经过访谈近三年离职的高管后，我们发现，张东在和高管的合作中有一个非常严重的管理问题，那就是情绪化。在和张东合作的过程中，这些离职的高管无一例外地都提到了：由于他的情绪化，导致他们深深地感到不被尊重。例如，可能因为 PPT 上一个错别字，就把高管劈头盖脸骂一通；或者因为一时心情不好，就推翻之前谈好的一个工作方向。结果就是，①西风科技近 3 年没有一位高管坚持工作超过

6 个月的时间；②离职后的高管几乎都和张东断绝了来往；③尽管西风科技开出了高于行业平均水平 20% 的工资，但依然招不来优秀的候选人。

在打造"老板口碑"这件事上，中小企业 CEO 能做的最有效的事情是八个字："前后一致，把人当人"。"前后一致"是指：在面试的时候用什么吸引候选人，在实际工作中就应该坚持；反过来，面试中，也不要去承诺在实际管理工作中做不到的事情。这样就可以避免候选人入职前后产生巨大的期望落差。"把人当人"是指：在工作中应当尊重人才，了解他们的困难、挑战，以诚待人，平等相处。人和机器最大的区别在于，人是有情感的、会犯错误的。不要把下属当作牛马，用"鞭子"（惩罚、责骂等负面机制）驱动，而应该从人的动机出发，用使命愿景驱动；对员工出现的无意的错误，要给予容错的空间。

雇主品牌

雇主品牌是企业用人形象在企业界的舆论印象。如果说"老板口碑"仅仅是员工们对老板是否靠谱的口耳相传，雇主品牌范围影响更大、发生渠道更广。首先，它的对象是整个企业，不仅仅对招聘发生舆论影响，甚至还会作用于企业客户开发、商务合作；其次，随着互联网加速了信息流动，企业的"好消息"和"坏消息"都会迅速传播开来。例如，在知乎等网站，很容易就可以搜到"在某某公司工作是……的体验"这样的问题；一些招聘网站甚至有类似大众点评的功能，可以看到候选人、员工对企业的评分和吐槽。

对于中小企业，大多数没有专门的预算花在雇主品牌上，相比于企业的产品、服务品牌，雇主品牌显得没有那么重要。我们建议，在雇主品牌方面，只要抓好这两方面的工作，往往就可以起到四两拨千斤的作用：

（1）主动出击——抓关键人群、关键渠道。例如，对于部分中小企业，雇主品牌对于应届毕业生的影响是最大的。同时，影响起来也能够事半功倍。如果正在大批量招聘应届毕业生，对于校园这个渠道，就应该派专人进行负责。类似于进大学论坛、赞助社团、组织活动、发动往届师兄师姐推荐优秀应届生等，都应该在招聘正式开始之前的半年就做起来，而不是等到招聘季才开始行动。再比如，如果是一些行业垂直的企业行业论坛等聚集同行人才的活动，CEO 就应该主动出击，多多发声。

（2）被动防御——舆情监测并积极处理。对于一些求职者会刻意关注的发声渠道，例如知乎、百度贴吧等论坛和各大求职招聘网站上出现的负面舆情，人才管委会应该成立专项组，责成相关负责人核实情况。如果属实，要积极整改并在相关网络上进行澄清。

面试中

面试专业度

抢手的人才在职场上往往"见多识广"，和面试官过招，很快就知道对方专业与否。面试专业度可以从内容和形式两方面提升。内容方面，要严格按照上文提到的结构化提问《面试清单》进行。有些企业家或 HR 在面试的时候，没有充分准备问题，想到哪就问到哪，在专业领域显得外行，这些都是会让面试专业度降低的表现。在形式方面，沟通时不要喧"宾"夺主、不要和候选人抢话说、面试时要适当引导、要做好记录和打分；面试结束后，要留出 5 ～ 10 分钟时间，听听候选人有什么问题等。

另外，上文提到的面试环境的设计也非常重要，尤其是在邀请候选人来公司面试时。有些中小企业管理者对办公室装修不以为意，从节约成本的角度来说，确实中小企业不应该把太多的现金投入到没有产出的墙壁油漆、沙发上。但是，至少应该留出一间精心布置的会议室作为面试的等候室，给候选人提供休息场所的同时，也给他留下一个良好的第一印象。

需求匹配度

候选人在需求上有两层考量，一是这次换工作是否可以满足其当下的个人职业发展需求，二是到中小企业就职的顾虑是否可以得到解除。在第 7.2 节和第 7.3 节这两节，我们将分别解读候选人这方面的诉求。

战略契合度

库克曾经回忆当年乔布斯说服他加入苹果的场景："当时乔布斯提出了苹果要进入消费者市场，而当时行业中的每个人都认为不可能从消费者身上赚到钱，他们都进入了服务、存储、企业市场。"而库克个人也非常认同不要随波逐流，同时，库克还说道："当时我看到苹果正面临大问题，我想我可以在这里做一些贡献。"[⊖]

这就是高手在说服候选人时的高明之处，乔布斯让库克看到了自己战略的高瞻远瞩并产生共鸣，同时，让库克意识到自己可以在这个

⊖　资料来源于《20 年前乔布斯如何说服库克加入苹果》，腾讯视频，https://v.qq.com/x/page/p0635a05kp9.html。

战略里贡献价值，而不是一味地强调企业有多优秀，那样很有可能把候选人"推远"。

关于如何有条理地把战略说清楚，我们将在第 7.4 节中具体展开。

7.2　抓"买点"而不是说"卖点"：高管"痛点"一览

在销售技巧上有这样一个重要的技巧，那就是抓顾客的"买点"，而不是一味强调己方的"卖点"。买点是指顾客的需求背后没有被满足而要解决的问题，而卖点则是销售从产品、服务等自身角度找优点。比如，顾客看似要在墙上打一个洞，他的真实"买点"是要在墙上挂一幅画，而不是打一个洞，如果销售不能够理解到背后的"买点"层面，只是一味地推销自己手上的电钻如何省电、降噪、便宜这些"卖点"，是丝毫不能打动顾客的。而要解决这个"挂画"的问题，可以用电钻，可以用大锤，甚至可以用无痕钉，总之把准了脉、对症下药，成功率就高很多。如果顾客此时被一些具体的问题困扰，那么"买点"就变成了"痛点"，击中了顾客的"痛点"，达成交易的可能性会大幅提升。

说服候选人加入也是如此，不少中小企业的管理者在说服候选人时，往往被候选人的表面迷惑。这一类候选人有非常好的教育背景、名牌大公司的体系化工作经验，是能够帮助我们"捅破天花板"的关键人才。但是，中小企业对他们的"买点"的理解却比较肤浅，例如当候选人说"你们工资不够有竞争力""我再考虑一下""我还有其他的选择""我现在在大企业发展得很好"等的时候，这些其实很有可能都不是他们心里真正的想法。一味地说企业的"卖点"，比如拿了多少投资、商业模式如何创新等，未必是候选人关心的。我们在第 4 章"画像"部分分析过候选人有情感、发展、健康、家庭和收入等五大方面的需求，只要有效地了解候选人真正的需求，甚至挖掘出"痛点"，有的放矢，表现出能满足其需求的地方，就能更好地说服候选人加入，起到四两拨千斤的作用。有的时候，"买点""痛点"不用多，如果你的企业可以解决一两条，就足以打动候选人加入了。

我们以一位在某 500 强大企业工作了十余年的资深总监为例，剖析一下他在情感、发展、健康、家庭和收入等五个方面，可能会有哪些"买点"。

情感类"买点"

▶ 和现任企业的情感。有的时候，没有特殊的理由，就是一家企业待久了会产生审美疲劳，想看看外面的世界。此时，面试官要注意管理候选人的预期，引导他看到我方企业存在的问题，而不要抱着"解脱了""换个新工作尝尝鲜"的心态加入公司。

▶ 和现任企业的新上级出现矛盾。"一朝天子一朝臣"，大企业里拉帮结派的事并不少见。有一种说法是"员工因为公司加入，因为上司离开"，往往换上级是候选人跳槽的一个重要原因。尤其是层级越多的大型企业，离用户太远，而离权力太近，谁能够和大老板走得近，谁就可以争取到资源。假如候选人在面试中提到最近刚刚更换了上级，这便是一个要去把握的重要信号。如果中小企业面试官在面试中能够给候选人建立一种"知遇之恩"的情感链接，那么成功率会高很多。

▶ 自己的努力渴望被看见。在大企业，员工的个人努力很容易被其他人的光芒掩盖，尤其是一些在中小企业可能是关键岗位，但是在大公司却被边缘化的岗位。在说服候选人加入的过程中，管理者们要学会"赞扬"候选人，把候选人的闪光点指出来，让对方感到自己的优点"被看见"，尤其是候选人当时在面试中提到自己比较有成就感的项目。

发展类"买点"

▶ 宏观。也许候选人现在的企业依然是行业的翘楚，但是这个行业整体在下行，是夕阳产业，或者陷入了周期性的低谷。比如前几年传统报社、传统零售、传统制造行业，其间不乏优秀的企业，但是由于行业受到互联网、电商等冲击陷入低谷。这个时候，面试官在面试过程中，就应该注意展示本企业所在行业过往的增长率数字、前景，等等。

▶ 中观。候选人所在企业遇到了战略调整、经营模式变化等情况，而调整后的方向并不为候选人所认可。在面试过程中，面试官要注意引导、询问候选人对于现供职企业战略的理解，如果有发现对方对目前企业战略方向有所不满，则要注意宣传己方战略。类似上文提到的乔布斯说服库克的案例中，乔布斯之所以打动了库克，很大部分原因在于库克对苹果进入消费者市场的战略产生了认可和共鸣。

▶ 微观。候选人发展遇到了瓶颈。职场天花板无处不在，外企里上级是老外，某些民企里自己不是老板的亲戚，自身能力的边界等，都可能是候选人很难在原企业进一步晋升的原因。例如，在 BAT（百度、阿里、腾讯）工作，从岗位 P5 到 P6、P7

相对比较容易，但是从 P7 到 P8 再到 P9，人才漏斗收口一下收窄，要想再向上走一级，至少要打败超过 90% 的同龄人。同时，越大的企业流程越完善，候选人即使身处高位也不可避免地要花大量时间在内部事务上，或者是花在某个过于狭窄的领域。例如，某快消品 500 强公司，光销售部就分为市场策略渠道、现代零售渠道、经销商管理渠道、百货专卖渠道、特殊渠道，现代零售渠道里还分 20 个直供客户、50 个非直供客户、区域运营团队等，一位销售总监很可能仅仅负责某一个直供客户。要想成为销售部的总负责人，至少还需要 15 年的轮岗。当然，发展遇到瓶颈还包括自己的发展方向和企业能够提供的机会不匹配。例如想换城市、转岗、换行业等，原企业无法提供机会。在面试过程中，面试官要善于倾听候选人的需求点，从而找出本企业可以为候选人创造价值的地方作为下一步说服的"卖点"。

我们曾经面试过一位大学一毕业就加入某美资 500 强零售企业的候选人，他在这家企业一干就是 15 年，从采购助理、主管一步步做到采购经理、采购总监。虽然也拿着不错的薪水，有着业内人士羡慕的职场头衔，但是他自己却陷入深深的焦虑。他坦诚地提出，自己 15 年来只习惯于一个体系的工作方式，从事着一种职业类型，他的职场适应性其实是非常差的。这就好比一片森林只种松树，缺乏生物多样性，一旦遇到松材线虫病暴发，就是灭顶之灾。而且接近 40 岁的年龄摆在那里，如果自己不趁着还有些精力"折腾"一把，越往后自己跳槽的动力会越小。后来他拒绝了同行传统零售友商更优厚的待遇，反而接受了我们的 Offer，就在于看中我们可以给他提供电商行业的经验，即使他再回到传统零售行业，这段经历也足以帮助他进一步提升自己的职场价值。

健康类"买点"

大企业的工作强度未必会低于中小企业，特别是一些以"狼性文化"著称的团队，一些高管从自身健康出发，也希望能够换一种工作方式。这里需要指出的是，并不是看中健康需求的候选人就缺乏"奋斗精神"，这就好比足球、篮球场上的运动员，年轻的时候往往靠力量、速度，而上了年纪后会倾向用丰富经验去带领团队赢得比赛。除了身体健康，心理健康也是大企业高管不可忽视的痛点。由于大公司流程多、部门多，高管大部分时间花在协调和开会上，这种严重的职业倦怠很有可能会影响候选人的心理健康度。如果你的企业提供弹性工作等福利，或者本身就从事健康、运动相关的行业工作，那么，也可以在面试的时候重点强调和展示。

家庭类"买点"

不少大企业高管可能会遇到孩子转学、另一半换工作城市等家庭问题，或者是孩子大了希望有更多弹性的时间陪伴他们等。对于中小企业特别看中的一些高管人才，建议在面试的时候，可以约上对方的另一半，以一种朋友的身份进行交流。有些顾虑和需求候选人可能自己不方便说或者还没想清楚，但是他们可以借另一半之口表述出来。面试地点也不一定非要安排在企业里，可以在环境相对安静、放松的场合，例如咖啡厅、公园、酒店等。

收入类"买点"

- ▶ "绝对值"需求。绝对值需求是指，候选人的总收入低于他的期望。不少大企业都有严格的"工资帽"规定，如果到了一定级别升不上去了，工资就会被锁死在某个范围内；也有一些大企业在薪酬设计时，会考虑到自己行业地位"溢价"，所以给出的薪酬未必是行业领先的水平；即使一些大企业愿意给出更高的薪酬总包，也很可能无法像中小企业那样给候选人期权、股票激励，一旦企业上市就可以有很大的"想象空间"；大企业的薪酬包更多是线性增长，一眼就能看到头。
- ▶ "相对值"需求。相对值需求是指，候选人希望自己的投入和付出成正比。有可能他在现有的工作中，虽然获得的报酬不少，但是比起自己的付出，或者是同比其他人的收入之后，这个报酬变得没有竞争力了，所谓"不患寡而患不均"。如果面试官在了解对方收入构成的过程后，能够提供相对合理的薪酬结构，那么将会非常打动候选人。

综上所述，在面试过程中，面试官（尤其是人力资源和 CEO）在面试时，不要一味地只顾着自己说，或者是追着工作上的问题问。而应该留出充分的时间，倾听候选人在各方面需求上的真实诉求，判断出其真实想法后再有的放矢地开展说服工作。

7.3　高管入职的"顾虑点"解读

人无远虑必有近忧，高管候选人虽然有上述的这些"买点"，甚至

"痛点"可供我们作为谈判时的切入点，但是，中小企业自身也存在不少的问题，有可能让候选人心生顾虑。所以，在这一节，我们还是以大企业出身的这类较有代表性的候选人为例，剖析他们在跳槽到中小企业时常见的"顾虑点"，以及可以采取哪些行动有效化解。

情感类顾虑点

▶ 和 CEO 的"气场"是否契合。对于高管候选人，他们在大企业往往依靠系统，对上级的依赖有可能要低于中小企业。但是来到中小企业后，他们不得不考虑的现实问题就是，如果和 CEO 的性格、文化、工作习惯不契合，很有可能就没法开展工作了。在面试过程中，CEO 除了展示企业的战略、商业模式之外，要注意留出一部分时间，作为双方工作习惯方面合作的探讨。例如汇报关系、汇报频率、授权大小等。甚至建议双方先从某个项目切入合作起来，企业可以聘请候选人作为公司管理顾问，等到磨合好了之后再全职加入。

▶ 和新高管团队的"气场"是否契合。毕竟加入了一个陌生团队，候选人对其他高管不了解，他会关心其他人的能力如何，会考虑他加入这个团队会不会"掉价"。这时候，有经验的面试官会注意展示创业企业的活力、新鲜感。例如，邀请候选人以私人身份提前参加企业的团队建设活动，一方面可以让他和其他高管熟悉起来，另一方面也可以给借此展现团队的活力。

发展类顾虑点

▶ 宏观。如果你的候选人来自另外的行业，他很可能对企业的行业趋势没有概念。他会担心这个行业现在的发展是否落后于宏观经济大盘，或者是不是处于行业的周期性下行期。

▶ 中观。高管候选人对于企业的战略发展方向会非常在意，如果 CEO 不能有效叙述本企业的发展优势，仅仅靠薪水是很难说动候选人的。

在处理候选人宏观、中观类的发展类顾虑时，面试官的回答要做到"挑战"和"机遇"的平衡——敢于暴露"挑战"，善于发现"机会"。暴露挑战是指：每家企业都有自己存在的问题，不存在十全十美的公司。所以，如果宏观方面企业现阶段的确处于行业的下行期，或者中观方面企业的战略的确不是完全清晰，发展遇到了瓶颈，这些信息都不应该"瞒着"候选人。一方面，候选人自己会去做调研，一旦他发现企业在这些客观数据上都没有对他说实话，很有可能双方就建立不起信任来；另一方面，候选人进了企业之后，大部分数据迟早会一目了然，那时候他依然可以选择离开。

善于发现机会是指：CEO 要能够一针见血地指出企业接下来的生意机会点，并且让候选人看到自己可以在这个机会点上创造价值。一般而言，机会来自 6 个领域，因为它们的英文都是 C 开头，所以又叫作 6C 法，分别是国家（Country）、品类（Category）、渠道（Channel）、客户（Customer）、竞争对手（Competitor）、本公司（Company）。我们具体会在第 7.4 节时进一步展开。

当然，如果 CEO 自身在行业内有一定的影响力，曾在职场有过显赫的经历，或者团队有业界比较知名的专家，投资人是知名的投资机构等，这些都可作为吸引人才的背书要素进行宣传。如果企业经营数据非常亮眼，那么也可以借着面试的机会向候选人展示，体现企业在所在领域的成功。

> ▶ 微观。候选人目前的长期发展目标能否得到满足？是否会遇到
> 新的发展天花板？自己这次跳槽，主要是出于哪些方面的考量
> （换行业、升职、加薪、换城市还是其他）？如果此次跳槽不成
> 功，有没有回去（回原行业或原公司）的可能性？

建议面试官要展示企业目前的人才成长的晋升通道（如果有的
话），让候选人看到在新的企业将如何成长，而非沦为"一次性人才"。
如果企业暂时没有设计人才发展的晋升通道，那么也可以展示企业在
人才引进、人才培训、外脑顾问聘用等方面的投入。面试官还可以帮
助候选人分析，如果加入己方企业，对他的简历会有怎样的帮助。对
于很多只在大公司工作过的高管，如果有一段中小企业的工作经验，
对职场的加分作用是很大的。因为他证明了自己除了可以在大公司的
系统、流程下工作，还具备深入解决用户问题、从零到一搭建体系、
策划战略并落地等一系列在中小企业才能更好地历练到的本事。假设
他将来退回原有行业，完全可以凭着这段经历再升一级，进入大企业
的决策层。当然，在此类顾虑的处理上，要注意管理候选人的预期，
不要过度承诺。你依然可以运用第 5 章我们讲的提问技术，例如让对
方为自己的发展考虑因素排一个序，并通过追问他为此做了什么来判
断他排序的真实性。

健康类顾虑点

健康类顾虑越来越受候选人的重视，很多候选人在面试的最后都
会关心工作强度的问题。中小企业管理者应当正视这个问题，而不是

以"候选人不愿意加班就不录用"进行回避。对于真正的高手，其创造的价值不能简单地用工作时长来衡量，而应看其单位时间的价值。同时，中小企业也可以给高管购买高端保险、提供定期体检等福利，帮助高管照顾好身体。

家庭类顾虑点

"落差感"可能是从大企业跳槽到小企业最突出的一种心理感受。在大企业任职，无论是另一半还是自己的父母，都会以己为荣，而如果跳槽到小企业，家里人则很有可能连名字都没听过。当然，大部分成熟的高管候选人在职场上有自己的主见，但不能排除家庭因素对他的影响。企业可以在职位上给予候选人一定的提升，例如在大企业是总监，那么到中小企业应该升任副总裁，这样候选人在家人面前也有个跳槽的交代。同时，企业 CEO 可以邀请候选人带着家人一起参观公司或使用公司的产品、服务，提升家庭对他跳槽的认可度和支持。

收入类顾虑点

收入谈判是面试中关键的一环。候选人经常会说："我这次跳槽不是为了钱。"但往往如果在谈判过程中，钱没有给到位，又会成为失败的关键导火索。在薪酬谈判中，导致陷入僵局的错误有两种：一种是薪酬设计缺乏选择，导致候选人"不舒服"；另一种是缺乏实现的可行性的宣传，导致候选人"没信心"。

缺乏选择的薪酬设计往往就是一刀切的模式，比如，"月薪 2 万元，30% 绩效，70% 基本工资"，或者是"年薪 30 万元，年终奖若干"

等。当然，如果企业开出的工资，高于候选人期望，这么一刀切倒也无可厚非。但是不少中小企业在引入高管时，会参考第 4.7 节里提到的"高层员工要低配"的原则，尽量降低高管的现金收入部分，把更多的部分放到期权、分红等里面。在薪酬谈判时，面试官要注意照顾候选人的基本生活成本，如果开出过低的现金部分，类似上述"月薪 2 万元""年薪 30 万元"等无法维持候选人家庭的正常运作，也是不合理的。可以采用的方式是，给候选人多个选择，一种是低现金，高期权分红；一种是高现金，没有期权分红。给候选人以选择权，往往就可以很好地化解谈判中的僵局。

缺乏实现的可行性的宣传是指，企业定了一个过于复杂的薪酬结构，或者是过高的奖金获得门槛，让候选人感觉企业没有"诚意"，对自己到年底拿到这笔奖金没有信心。比如，我们曾经辅导过一家电商企业，他们看中了一位运营候选人。这位候选人现在的工资是年薪 30 万元，而且不和绩效挂钩；而这家电商企业开出的 Offer 是年基本工资 20 万元，若当年销量同比前一年增加 50%，则可获得奖金 10 万元；增加 100%，则获得奖金 20 万元，照此类推。至于怎么做到，能不能做到，CEO 传递的信息是：你看，我已经给了这么高的工资了，这些就都是你自己该解决的问题了。其实这家电商企业做到在所属的细分领域 100% 的年增长并不难，但是企业这种"目标怎么完成是你的事"的态度，很容易让候选人缺少信心。

但是，对不少中小企业来说，业务发展过快，或者是生意模式经常调整，因此确实没有办法设定清晰的目标和给出候选人目标达成的方式。可以采用的方式是，给出 3～6 个月的"绩效保护期"。在绩效保护期内，无论入职高管的业绩完成情况如何，企业 100% 支付奖金，这样让候选人安心，不要为了短期业绩做出急功近利的事。但是，如果过了绩效保护期，入职高管还是没有办法达成业绩，则要接受原有薪酬的绩效部分约定的调整结果。（当然，如果一名高管在入职后一直不能出业绩，在试用期就应该考虑将其淘汰。）

那么，在排查清楚高管候选人的需求"买点"和跳槽到中小企业的顾虑时候，我们应该如何进行有效说服呢？请看接下来将讲述的五步法。

7.4　用五步法说服候选人

在摸清楚了候选人的需求、顾虑之后，说服候选人加入就是整个人才引进过程中的临门一脚。这时既要把企业的战略、前景描述清楚，又要兼顾到候选人的个人需求。不少中小企业的管理在说服时常犯以下错误：

（1）不知道如何呈现战略意图、使命愿景，于是就不说或者少说，过于"务实"。这类问题多见于理工、研发出身的中小企业管理者，他们对产品、技术非常在行，说起来头头是道。但是一旦涉及"情怀"的部分，例如战略、使命等，他们就不知道该如何开口了；说多了，又担心候选人会不会觉得自己在画饼。这就导致候选人对企业发展方向不认可，最终影响说服结果。

（2）知道要靠"情怀"吸引候选人，但不知道如何把企业的发展和个人的利益结合在一起，结果就变成了一味地"画大饼"，过于"务虚"。往往是管理者自己把自己说得得意忘形了，沉浸在宏大的战略叙事中，但候选人却觉得和他没什么关系。候选人会觉得这家企业过于务虚，"业务不靠谱"，从而导致说服失败。

在说服候选人的过程中，"情怀"在某种意义上是可以当作"钱"用的——我们见过太多优秀的候选人，因为看好中小企业的发展前景，选择降薪加入，类似于当年蔡崇信只领 500 元工资加入阿里。这里说服的关键在于，把企业的发展愿景讲清楚的同时，让候选人看到自己在战略实施中可以如何创造价值，并且相信在将来有机会获得不菲的回报。如何有效地陈述自己的主张，可以遵循以下五个步骤：为什么、做什么、怎么做、有什么用、下一步[⊖]。这种主张表达方式不仅可以用在说服候选人加入，在将来企业内部战略宣讲时也可以复用。

为什么

"为什么"是战略的可行性分析——需要回答的问题是：为什么你们的企业是有前景的？没有人愿意加入一家看不到希望的企业，越是身为高管，越会对战略的可行性在乎。企业不回答这个问题，一上来就说企业的战略是什么、具体策略有哪些，那么候选人心中始终会挂着这个疑问。回答这个问题，并且做一个完整的战略可行性分析，可以从国家（Country）、品类（Category）、渠道（Channel）、客户（Customer）、竞争对手（Competitor）、本公司（Company）六个维度来找机会。

国家（Country）是战略的基本盘，它包括 GDP（国内生产总值）

⊖　资料来源于汤君健在得到 App 的节目作品《有效提升你的职场说服力》。

的增速、不同区域的文化习俗消费差异、法律政策等。如果企业抓住了其中某个机会点，可以很快建立起自己的竞争壁垒。例如，我们在2020 年服务了多家从国内电商市场转战跨境电商市场的企业，它们的用户主要来自美国等海外国家。新冠疫情期间，由于美国发放补贴，一些平民消费者有了额外的消费能力，同时，由于国内复产复工做得好，而海外原有的竞争对手出现了产能不足的问题，所以，在供需双方的利好加持下，这些转战跨境电商市场的企业增长速度大幅高于以国内电商市场为主阵地的企业。同时，这些企业的 CEO 非常重视人才的价值，利用 2020 年跨境电商的红利，吸引了好几位原本觉得高不可攀的电商操盘高手。

品类（Category）代表着趋势，在一个上行的品类里，企业不需要很费劲就可以取得成功；反之，如果企业在某个下行品类里艰难挣扎，即使候选人和团队非常努力，有的时候也"回天乏术"。如果你企业所在品类的年增长率高于 GDP，甚至达到了 GDP 增幅的两到三倍，那么恭喜你，这是一个非常重要的数据，一定要和候选人积极地展示。因为以目前国内 5% ～ 6% 的 GDP 年增幅而言，如果你的企业所在品类的年增长率达到了 10% 甚至 20%，这就意味着你们企业只要跟得上大盘，就可以做到 10% 以上的增长。资金、人才、技术都会向这些高速发展的品类涌入，如果候选人现在供职企业又恰好在一个增长艰难的品类，那么可以相信这一点会有效地打动他。

渠道（Channel）是企业有效借力的抓手。如果是 To C 的业务，小到夫妻小店，大到永辉、苏宁、大润发这类大卖场，京东、阿里、拼多多这类电商等，不同渠道的占比和表现会直接影响企业业务的开展；如果是 To B 的业务，代理商、批发商的覆盖广度和深度等，也会对企业的经营产生很大的影响。我们曾经服务过一家数码产品销售企业，在 2015 ～ 2020 年这 5 年间，此类数码产品销售点销量占比，从原来 80% 来自夫妻小店缩减为 20%，取而代之的是电商渠道的崛起。不少仅仅工作 6 ～ 8 年的电商渠道员工，和工作了 15 年以上的传统渠道员工享用同等的级别。这家数码产品销售公司在吸引电商渠道人才时，充分展示这个数据，让不少优秀的电商渠道候选人看到了自己职业的快速晋升可能性。

客户（Customer）是企业使命的初心，为客户解决的问题越大，企业创造的价值也就越大。优秀的企业通过解决社会性的大问题获得快速成长，同时能够让员工产生使命感、自豪感，在吸引候选人的时候起到事半功倍的作用。在和候选人交流的时候，中小企业管理者应当详细介绍自己在客户一端发现的机会点，以及自己企业将如何解决客户的困扰。

奶糖派是一家专注于女性大杯文胸（C ～ K 罩杯）的企业，创始人的初心非常纯粹——解决大杯用户在选择、购买上有极大不适的困扰。传统内衣品牌"看不上"这个"利基"市场，仅仅是简单地把常规内衣等比例放大，殊不知背后的支撑结构会给用户带来严重的不舒适。但其实这个市场在国内已经迎来了井喷期，越来越多的大杯用户在网站、社区自发寻找优秀的大杯产品。我们在服务奶糖派时发现，该企业创业早期的员工，超过 50% 来自用户，即为企业低成本获客带来了优势，同时这些懂用户的员工又能够进一步服务好自己的目标客户群。她们为目标用户专门设计、制作的内衣，穿着舒适度大幅度提高，获得了市场的高度认可，该企业已于 2021 年获得两轮数千万元的融资。

　　竞争对手（Competitor）和本公司（Company）的对比，是面试时无法回避的一个问题，它们的竞争优势在哪里，相比于它们，我方的比较优势是什么？有些企业家为了突出自己企业的优点，故意抹黑竞争对手，这种做法在候选人眼里是非常不职业化的行为。关键不在于竞争对手做得有多好，或者多差，而在于你的企业和对方的差异点在哪里。例如，你的企业如果是成本领先，那么，你需要和候选人介绍为什么己方企业的成本可以低于行业平均，节约了供应链上的哪些浪费，减少了客户不在乎的什么成本，等等。以上是关于企业"为什么"有战略前景的部分，接下来，你需要解答"做什么"。

做什么

　　"做什么"是对企业战略方向在使命愿景上的高度概括，如果候选人此次谈话结束后只记住了一个关键信息，那么就应该是"做什么"。例如阿里的"让天下没有难做的生意"，华为的"万物互联"，迪士尼的"让世界快乐起来"，奶糖派的"成为大杯文胸专家"等。越是高层的候选人，越要看他对企业使命的认可程度，因为这是关乎大方向的问题。

怎么做

　　接下来是"怎么做"。即使是再雄心勃勃的使命愿景，也需要靠具体的策略方法落地。在这个部分，你需要具体阐述企业在接下来的一到三年，会采取哪些策略方法落地实施战略。这里最重要的部分是，在阐述过程中，要体现出候选人可以如何创造价值，而不要给候选人一种"置身事外"的错误感觉，要给他"留出一个位置"。例如前文提到乔布斯说服库克时，库克就明显能意识到当时苹果存在的问题，以及自己应该如何帮助企业渡过难关。

有什么用

"有什么用"部分，是把企业的未来发展和候选人的需求"买点"联系在一起，并有效处理候选人的"顾虑点"。如果候选人特别看重发展，则需要强调企业的快速扩张对候选人晋升、职场价值提升的作用；如果候选人比较关心收入，则要和他详细解释企业策略的实现路径，给他对拿到绩效工资部分的信心。候选人的需求"买点"不用找太多，抓两三个最痛的点即可，关键在于"准"。在 CEO 对候选人进行说服之前，最好由 HR 在前一轮面试时做好"摸底"工作，了解清楚对方的"买点"和"顾虑点"，不打无准备之战。

下一步

"下一步"部分，是在说服过程到了最后的阶段，给到对方一个可以立刻行动起来的理由。前面四个部分说得再热血沸腾，如果没有一个让候选人马上可以动起来的理由，谈话结束后也等于白说。对于还在犹豫中的候选人，比较常用的"下一步"有：如果候选人选择这个月就加入，授予的期权多 20%；邀请候选人参加近期的一次高层团建；聘请候选人以顾问的身份先和企业合作起来；给出两种薪酬结构方式供对方选择（高现金无期权分红，或低现金高期权分红）；邀请候选人去现场实地考察两天；等等。总之这些"下一步"的目的，就是不要让谈话结束后就没有下文了。

一位拥有 15 年 500 强跨国零售企业工作经验的高管如何被说服

唐总是一家电商企业的 CEO，经朋友介绍他认识了欧总——一位有着 15 年 500 强跨国零售企业工作经验的商品部采购团队负责人。欧总大学一毕业就加入了这家跨国企业，亲历了采购团队搭建的过程，并且有丰富的供应商谈判、商品采买、经营改善方面的经验。唐总目前团队的核心骨干以平台技术开发、电商运营、供应链管理为主，现在正好缺一位采购负责人，欧总是再合适不过的人选了。在前两轮面试中，唐总和 HR 面试官已经掌握了欧总的"买点"和"顾虑点"。"买点"主要集中在发展需求方面。

（1）欧总已经快 40 岁了，虽然现在的 500 强企业工资待遇优厚，但是自己对未来的职业发展还是比较焦虑的。毕竟自己一直从事的业务、生意模式都比较单一，虽然很专业，但是职场的"多样性"较为缺乏，万一商业环境有变（这些年线下零售已经受到了电商的巨大冲击），那么将会非常被动。

（2）欧总遇到了职业天花板。现在这家企业在本土化方面尽管已经做到了跨国企业中的翘楚，但是欧总依然明显地感觉到存在职业天花板。他已经是企业内部职位最高的大陆籍的人了，企业的决策层被牢牢控制在外方手上，自己的大部分工作都是在向外方请示，做不了真正的决策。

欧总的"顾虑点"则是担心跳槽到小企业后，自己现在的行业地位和收入会大幅缩水。

（1）欧总现在是 500 强企业的商品部负责人，平时对接的都是差不多地位的知名供应商销售部负责人。如果跳槽去了小企业，自己的这些人脉会不会带不走？

（2）自己现在的企业，福利好，工资高，如果到了唐总的企业，自己收入少了一大块，如何跟家里交代？

唐总约了欧总在企业楼下的一间氛围安静的茶室，按照五步法进行说服工作。唐总先说了关于企业战略"为什么"，他着重提到了品类（Category）增幅和顾客（Customer）。在过去的三年，该品类电商企业以接近70%的复合增长率高速发展，而欧总所在企业每年仅有不到3%的增长率；同时，这种快速的增长并不是无根之木，据权威机构调查数据显示，一旦该品类顾客在电商完成了首次购买之后，一个月内的复购率高达50%。

接着唐总介绍了自己企业的战略"做什么"，他提到在该行业，最大的机会点来自目前线上电商鱼龙混杂、以次充好的现象。他们的使命，是"让顾客用最少的钱，买到最合适的正品"。

在"怎么做"部分，唐总详细介绍了自己企业未来三年的发展规划，并且介绍了目前团队在技术开发、运营和供应链方面的优势，然后，他着重提到了在商品采购方面，团队缺少一个不但自己有丰富的供应商管理经验，而且从零到一搭建过体系的高管。听到这里，欧总频频点头。从自己的"买点"角度上看，如果在他的职业生涯履历中，增添一段电商经验，的确可以弥补自己过于单一的业务结构，同时，能够被充分授权从零到一帮助一家企业搭建采购体系，也符合自己突破发展天花板的需求。

但是，欧总心中的顾虑还没有被消除——去一家小企业，人脉会不会带不走？自己收入会不会大幅缩水？这时候，唐总说到了"有什么用"部分——把企业的发展和候选人的需求、顾虑联系在一起。唐总提到，正是因为自己的企业快速发展，尽管目前他们的销售额仅有欧总所在企业的 1/20，但是在过去的一年，不少大品牌供应商也主动派出了销售一把手和他们企业对接。在他们身上，供应商早就看到了新的业务机会，所以欧总的第一个顾虑就不存在了。

然后，唐总和欧总拆解了他的薪资构成作为"下一步"：目前欧总的工资总包主要由基本工资和绩效工资组成，每年 5% 左右的增加，未来"想象空间"有限。而唐总给出的条件是，给欧总两个选择：选择一，保持现在的工资总包不变，但是没有期权；选择二，现在的工资总包减少 30%，换算成等比例的期权，并且每次融资后可以有一定的比例套现。这样，一方面，如果企业能够上市或者被收购，欧总的收入有可能超过他现在企业 20 年的收入；另一方面，即使企业没有能够成功上市，工资减少的部分也不会影响到欧总的生活水平。中途有套现的额度，也让欧总放宽了心。欧总表示整体没有问题，自己要和家人商量一下，三天后给最终答复。三天后，欧总表示自己愿意加入。

在这次说服中，唐总充分运用了五步法，没有一味地强调自己企业有多好，而是牢牢抓住候选人的"买点"和"顾虑点"，"看人下菜，有的放矢"。当然，除了唐总已经熟练掌握了五步法，在正式说服前的信息搜集也非常重要，如果没有判断清楚对方到底需要什么，空有五步法的架子，也是无法顺利说服候选人加入的。

7.5 抓好面试后期四大关键时刻："空降兵落地辅导"

费尽口舌之后，候选人接受了中小企业发出的 Offer，是不是就万事大吉了？还早得很。此时候选人变成了"空降兵高管"（以下简称"空降兵"），作为外来的新人，要想在企业成功落地，少不了企业的帮助和辅导。如果什么支持都不给，以为高管挖过来就不用管了，这就好比让"空降兵"跳不给降落伞，只会让他摔得鼻青脸肿，甚至以"死亡"告终。把"空降兵"挖过来并落地会失败，究其原因，有以下几个方面：

（1）在入职的路上被人"截胡"了。"空降兵"接受了 Offer，恰恰是最不稳定的时候，因为此时他已经动了离开前一家公司的心思。而往往优秀的候选人，手里不会只有一份 Offer，所以，从接受 Offer 到入职的途中，还有很多变数会发生。

（2）入职伊始就没有处理好和原有团队的关系。对"元老团队"来说，新来的"空降兵"或多或少会冲击到他们现有的利益格局：也许新人打破了现有薪酬的框架，也许 CEO 有意无意地在元老面前传递过"你们能力都不行，跟不上趟了，我们要引进外部高手"这样的话。总之，原有的高管团队和新人之间的边界如果一开始就没有分清楚，大家带着情绪进入工作，就很容易导致后续一系列的沟通、协作障碍问题。

（3）入职后遇到了挫折，变得保守。"空降兵"在犯了错之后，往往会变得束手束脚，面对陌生的环境，他本来就心存戒备，此时会更加小心。原本希望"空降兵"来帮助企业"捅破天花板"，结果他变得"泯然众人矣"。

（4）取得的成绩没有被周围同事看见，因而没有得到众人认可，并获得威信。"空降兵"入职之后，周围的元老会戴着有色眼镜看着他，他的威信只能来自一场场的胜利，逐步建立起和其他同事的信任感。而他如果自己主动去展示取得的成绩，又很容易被周围的人扣上"高调"和"浮躁"的"帽子"。

基于"空降兵"跳槽时最容易导致其失败的以上四类原因，我们要抓好以下四个关键时刻，从而事半功倍地帮助高管新人"落地存活"。这四个关键时刻分别是：接受 Offer 之后、入职第一天、第一次受挫和通过试用期答辩（见图 7-2）。

图 7-2　落地辅导四大 MOT 关键时刻

接受 Offer 之后

在候选人答应接受 Offer 之后，企业可以派出一位高管元老作为他的"入职引导员"。这位"引导员"最好和他年纪相仿，背景类似，可以有效地起到传递信息、介绍企业、帮助候选人提前适应新企业的生活等作用。企业可以给出一定的预算，让"引导员"每两周左右和候选人吃一次饭，如果这个过程中，"引导员"发现候选人有不打算来的迹象，则要第一时间向人才管委会汇报，以便企业采取相应的措施。

入职第一天

入职的第一天，中小企业的 CEO 要做好三次谈话。第一次谈话，是当着"空降兵"和现任高管元老们的面做的。CEO要隆重地把各位高管介绍给"空降兵",同时,也要请"空降兵"本人做一个自我介绍。在他介绍自己时,CEO要向团队阐明自己当初看中了"空降兵"哪些优点,并为他过往的业绩做背书。此时CEO可以代表全体高管,送给"空降兵"一份礼物,比如最近在读的一本管理方面的书,以增加入职的仪式感。同时,CEO要把"空降兵"的责任范围向团队介绍清楚,把他的到来可能给团队带来的变化提前说好,避免团队没有做好适应的准备。

第二次谈话,是和"空降兵"一对一做的。CEO要把对他接下来3～6个月的期望讲清楚,告诉他有哪些资源可以调动,帮助他接下来把手头的项目排出轻重缓急。

第三次谈话,是拉着"空降兵"和他有业务交接的前任做的。一般来说,"空降兵"手头的工作可能会来自原有某位元老,此时的交接就显得尤为重要。一些重要的财务数字、人事关系等,最好由CEO牵头让双方当面交代清楚。

第一次受挫

"空降兵"在新企业遇到挫折非常正常,可能是因为对系统不了解,也可能是因为对团队工作习惯陌生,或者是因为对新机会的判断出现了问题。受挫之后快速调整自己,吸取教训从头再来,才是"空降兵"存活的关键。CEO应该及时介入受挫后"空降兵"的心理建设,帮助他进行一对一的复盘,找出他此次失败背后的真正原因,避免他因为一次受挫变得缩手缩脚、裹足不前。当然,如果"空降兵"

老是犯错受挫，则没必要每次都这样辅导，如果屡战屡败，应该考虑换人。

通过试用期答辩

对于中小企业高管的试用期，我们建议不应该只看部门内工作的KPI 完成情况，而应该利用一些特殊项目作为考察依据。这是因为部门内部 KPI 的提升，花费时间较久，而通过做项目考察候选人，时效更短。很多企业为了帮助"空降兵"提高成功率，不会一上来就安排他担任实职，而是安排他到一些特殊项目上工作 3 个月左右，通过考察后再调任部门负责人，这样做有 3 个好处：

（1）用项目作为试用期的考察内容，方便考察。因为项目往往有明确的交付物，所以用于人才考察标准相对清晰。比如库存降低项目、供应链优化项目、新员工入职项目等，交付物明确，项目范围清晰，相比于部门的发展这样比较笼统的目标，更容易考核。

（2）可以对"损失"进行有效管控。因为他还只是项目负责人，而不是部门负责人的身份，万一他表现不达标，此时劝退他给企业带来的动荡也比较小。设想企业引进了一位销售总经理，已经把上百号业务员的人事关系转到他的名下，这时候发现他暴露出了很多面试中没有发现的问题，再劝退，对企业必然带来伤筋动骨的影响。

（3）担任项目负责人，不会对现有团队产生利益冲突，方便"空降兵"进行深入调研。如果"空降兵"一出现在团队就是以某个部门领导的身份，那么，很多员工出于保护自己的目的，往往会隐瞒一些一线的细节。而项目负责人的身份，方便"空降兵"进行"微服私访"，大家也不清楚他到底是什么部门的，往往会对他知无不言，言无不尽。

一旦"空降兵"所负责的项目获得了成功之后，CEO就需要及时组织团队复盘，帮助"空降兵"在团队内建立威信，并且以此为里程碑，把"空降兵"调到部门担任实职。随后CEO可以利用"空降兵"的试用期公开答辩会（试用期答辩流程可以参考第6.3节的述职答辩），让高管借此把自己的成功案例、先进理念给企业管理层做一次宣讲。

■ 本章小结

为了更好地吸引、帮助高管落地，我们可以从"用户体验"的视角来看这一过程，它分为前、中、后三个阶段。在面试前期，企业要找对介绍人、做好老板品牌、雇主品牌建设；在面试中期，通过提升面试专业度、找对候选人的需求买点、帮助其看见自己的发展和公司战略的契合度；在面试后期，要抓好高管"空降兵"接受Offer之后、入职第一天、第一次受挫和通过试用期答辩这四大关键时刻。

为了更好地找到候选人的需求"买点"和"顾虑点"，我们可以从发展需求、情感需求、健康需求、收入需求和家庭需求五大方面入手，在说服的时候，运用五步法（为什么、做什么、怎么做、有什么用和下一步）有效地进行沟通，本章的行动计划清单如表7-1所示。

表 7-1 面试体验行动计划清单

项目名称	描述	建议负责人	落地时间表
面试前：雇主品牌建设	对于网络上有关企业雇用方面的负面舆情进行监控，并对造谣污蔑的信息进行回击	CEO	
面试中：需求匹配度	在和候选人进行最后一轮沟通前的面试中，要完成对其五大需求的搜集	HR	
面试后：入职落地辅导	高管"空降兵"接受 Offer 之后、入职第一天、第一次受挫和通过试用期答辩这四大关键时刻的体验建设	CEO	

参 考 文 献

[1] McClelland, David C. Testing for competence rather than for "intelligence"[J]. American Psychologist, 1973, 28(1):1-14.

[2] 戴维·尤里奇. 人力资源转型：为组织创造价值和达成成果 [M]. 北京：电子工业出版社，2019.

[3] 林传科，刘军，丁芹伟. 科学创业 [M]. 北京：机械工业出版社，2019.

[4] 庞涛. 华为训战 [M]. 北京：机械工业出版社，2021.

[5] 彼得·德鲁克. 卓有成效的管理者 [M]. 许是祥，译. 北京：机械工业出版社，2019.

[6] 刘远我. 招聘面试：优秀面试官必读手册 [M]. 北京：电子工业出版社，2017.

[7] 北森人才管理研究院. 人才盘点完全应用手册 [M]. 北京：机械工业出版社，2019.

[8] 汤君健. 给中层的管理课 30 讲 [EB/OL].（2020-01-04）[2021-07-01]. https://www.igetget.com/course/%E6%B1%A4%E5%90%9B%E5%81%A5%C2%B7%E7%BB%99%E4%B8%AD%E5%B1%82%E7%9A%84%E7%AE%A1%E7%90%86%E8%AF%BE30%E8%AE%B2?token=lQr3o4dMw8ZKgdaswBV7N2xDyWeEq1.

[9] 汤君健. 怎样成为带团队的高手 2.0[EB/OL].(2018-10-09) [2021-07-01].https://www.igetget.com/course/%E6%80%8E%E6%A0%B7%E6%88%90%E4%B8%BA%E5%B8%A6%E5%9B%A2%E9%98%9F%E7%9A%84%E9%AB%98%E6%89%8B2.0?param=2kmhpPhnf36&token=oY80DAGnRNE7J3nfPkVLzgZpax1dO5.

[10] 汤君健. 有效提升你的职场说服力 [EB/OL].（2018-03-19）[2021-07-01]. https://www.igetget.com/course/%E6%9C%89%E6%95%88%E6%8F%90%E5%8D%87%E4%BD%A0%E7%9A%84%E8%81%8C%E5%9C%BA%E8%AF%B4%E6%9C%8D%E5%8A%9B?param=2kmhpPhnf36&token=alQr3o4dMw8ZKgaf2rJ7N2xDyWeEq1.

[11] 帕蒂·麦考德. 奈飞文化手册 [M]. 杭州：浙江教育出版社，2018.